10 Lições sobre
BEAUVOIR

Dados Internacionais de Catalogação na Publicação (CIP)
(Câmara Brasileira do Livro, SP, Brasil)

Lemos, Fernanda
  10 lições sobre Beauvoir / Fernanda Lemos. –
Petrópolis, RJ : Vozes, 2023.

  Bibliografia.

  1ª reimpressão, 2023.

  ISBN 978-65-5713-902-8

  1. Beauvoir, Simone de, 1908-1986 – Crítica e
interpretação 2. Existencialismo 3. Fenomenologia
4. Filosofia I. Título.

23-158765   CDD-100

Índices para catálogo sistemático:
1. Filosofia   100

Aline Graziele Benitez – Bibliotecária – CRB-1/3129

Fernanda Lemos

10 Lições sobre BEAUVOIR

EDITORA VOZES

Petrópolis

© 2023, Editora Vozes Ltda.
Rua Frei Luís, 100
25689-900 Petrópolis, RJ
www.vozes.com.br
Brasil

Todos os direitos reservados. Nenhuma parte desta obra poderá ser
reproduzida ou transmitida por qualquer forma e/ou quaisquer meios
(eletrônico ou mecânico, incluindo fotocópia e gravação)
ou arquivada em qualquer sistema ou banco de dados
sem permissão escrita da editora.

CONSELHO EDITORIAL

Diretor
Volney J. Berkenbrock

Editores
Aline dos Santos Carneiro
Edrian Josué Pasini
Marilac Loraine Oleniki
Welder Lancieri Marchini

Conselheiros
Elói Dionísio Piva
Francisco Morás
Gilberto Gonçalves Garcia
Ludovico Garmus
Teobaldo Heidemann

Secretário executivo
Leonardo A.R.T. dos Santos

Editoração: Letícia Villela
Diagramação: Monique Rodrigues
Revisão gráfica: Anna Carolina Guimarães
Capa: Editora Vozes
Ilustração de capa: Studio Graph-it

ISBN 978-65-5713-902-8

Este livro foi composto e impresso pela Editora Vozes Ltda.

Ao meu amado Luiz Augusto,
À minha amada Maria Luiza,
À minha amada mãe Téo.

Sumário

Introdução, 9

Primeira lição – Beauvoir, seu tempo e suas obras, 15

Segunda lição – O segundo sexo no *Index Librorum Prohibitorum*, 26

Terceira lição – O existencialismo beauvoiriano, 35

Quarta lição – A tradição da fenomenologia existencialista de Beauvoir, 43

Quinta lição – Por uma moral da ambiguidade, 53

Sexta lição – O problema da morte e da velhice em Beauvoir, 61

Sétima lição – A concepção de Deus e da religiosidade na perspectiva beauvoiriana, 70

Oitava lição – Entre a natureza, a cultura e o destino feminino, 83

Nona lição – Corpo e existência em Beauvoir: A condição feminina, 91

Décima lição – "O segundo sexo" de *O segundo sexo*: Perspectivas teóricas, 99

Conclusão, 108

Referências, 113

Introdução

Simone de Beauvoir estreou sua vida literária a partir da publicação de *A convidada* no ano de 1943, mas tornou-se mundialmente conhecida a partir da publicação e repercussão de *O segundo sexo* em 1949. E, apesar de consagrada principalmente pela segunda obra, destacadamente pela contribuição feminista, Beauvoir produziu um conjunto de obras densas sobre a filosofia existencialista, tanto na perspectiva teórica, política quanto literária.

Portanto, as *10 lições sobre Beauvoir* são uma ousada tentativa de compreender as principais ideias e o pensamento, bem como a obra e vida, de Simone de Beauvoir. Antes de tudo, é importante destacar que as personagens que porventura venhamos mencionar durante o desenvolvimento das lições dizem respeito à importância que tiveram enquanto a autora produzia suas ideias filosóficas, sua intelectualidade e sua participação na sociedade e na política, não apenas francesa, mas por tantos outros lugares que viajou durante sua vida. Em *A Força da Idade*, Beauvoir observa:

> "minha vida viu-se estreitamente ligada à de Jean-Paul Sartre; mas sua história, ele espera contá-la ele próprio, e deixo-lhe a tarefa. Só estudarei suas ideias, seus trabalhos, só falarei nele à medida que interveio em minha existência" (BEAUVOIR, 2022, p.16).

Reitero, este livro é sobre as principais ideias de Simone de Beauvoir! Faz-se necessário esta enfática declaração introdutória, pois objetiva evitar qualquer equívoco sobre sua suspeita contribuição para a filosofia existencialista do século XX. Tal declaração justifica-se pela insistente necessidade de associar sua biografia, vida e obra à de Sartre e seu existencialismo. Segundo Beauvoir, ela enfrentara constantemente um arsenal de críticas sobre sua autonomia literária, política e intelectual, conforme pode ser observado em suas memórias,

> Preservei minha independência, pois jamais descarreguei minhas responsabilidades sobre Sartre: não aderi a nenhuma ideia nem a qualquer resolução sem tê-la criticado e retomado por minha própria conta. Minhas emoções me vieram de um contato direto com o mundo. Minha obra pessoal exigiu de mim buscas, decisões, perseverança, lutas, trabalho. Sartre me ajudou, e eu também o ajudei. Não vivi atra-

> vés dele. Na verdade, essa acusação faz parte do arsenal que meus adversários usaram contra mim. Pois minha história pública é a história dos meus livros, meus sucessos, meus fracassos; e também a história dos ataques contra os quais tive que lutar (BEAUVOIR, 2009b, p. 697).

Não queremos negar com isto a parceria que tiveram durante a vida, entretanto, a densidade do conjunto de sua obra bem como a prática teórica, literária e política que desenvolve – mesmo em parceria com Sartre – é autônoma, vasta e muito bem fundamentada a partir de uma vida de leitura, comprometimento acadêmico e percepção política da realidade. A complexidade da produção beauvoiriana se dá por algumas características apresentadas em sua escrita. Sua erudição pressupõe que seu leitor tenha um vasto conhecimento da filosofia clássica e moderna, ela traz para a arena de discussão tanto ideias aristotélicas quanto tomistas. A influência de Heidegger e Hegel é uma constante nas discussões apresentadas. Tanto sua compreensão da história como seu envolvimento com movimentos políticos exigem do leitor uma percepção macro da história mundial; e, por fim, seu envolvimento com a literatura e com a arte, enquanto pressupostos de compreensão das realidades, exige que seu leitor mergulhe fundo em seu conjunto de conhecimentos. Entretanto, essa exímia qualidade de escritora, não advém de uma pernóstica necessidade de afirmação intelectual, mas, tão somente de seu natural e rotineiro processo de educação numa família de assíduos leitores e amantes do conhecimento, da literatura e das artes.

Para além do feminismo, Beauvoir traz uma reflexão sobre o existencialismo. Em *O segundo sexo,* discute-se a questão da liberdade, a liberdade do Outro, mas, o outro muito diferente dos Outros percebidos pelos seus pares que pensam o existencialismo. Segundo ela, o Outro neste caso não é o Outro universal, mas a mulher! Que experiencia a vida de uma forma distinta dos homens. Seu existencialismo, portanto, questiona a liberdade e a existência diferenciada de acordo com as relações socialmente estabelecidas entre os sexos. Assim, aqueles que aparecem na história de vida e na construção de sua obra literária e acadêmica são coadjuvantes, visto que a autonomia de seu pensamento não deixa dúvidas sobre sua contribuição para construção do pensamento moderno.

Os temas escolhidos para as *10 Lições sobre Beauvoir* surgiram naturalmente de seus romances, de suas memórias e principalmente de seus ensaios. Na complexidade e densidade de seus escritos, é possível extrair seu pensamento, bem como relatos autobiográficos fundamentais à compreensão dos enredos que compõe sua biografia. Além do mais, muitos autores (cf. TODAVINE, 2001) dedicaram a escrita sobre sua vida, obra e recuperação de seu pensamento. Temas como a construção do corpo, bem como todas as perspectivas sócio-históricas impostas sobre ele, como a juventude, a velhice, a morte, a liberdade, o Outro, o destino feminino, dentre outros são encontrados em sua vasta obra literária e ensaística. Nosso principal desafio fora sintetizar seu pensamento em apenas 10 lições, haja vista que a autora construiu um conjunto da obra altamente relevante a partir do contexto em que vivera, o da Segunda Guerra Mundial e a ocupação nazista na França. Além das principais ideias de teóricos como Marx, Heidegger, Engels ressurgirem entre os intelectuais nesse período, o estado de guerra tornou profícua a discussão sobre a morte, a liberdade, a opressão e a existência.

Recentemente, estudiosos de Simone de Beauvoir têm relido suas obras, com objetivo de retratar sua contribuição, não somente para o existencialismo, mas também para a fenomenologia (cf. O'BRIEN, 2001). A análise e a interpretação de seu diário, escrito dois anos antes de conhecer Sartre, demonstra seu interesse pelo método fenomenológico, graças à influência de seus tutores na Sorbonne. Isso só reitera que sua simpatia e sua aproximação a este método não se dá pela relação de amizade que mantinha com Sartre e Merleau-Ponty, mas tão somente por seu interesse às ideias sobre o fenômeno, que já circulavam na França.

O leitor mais familiarizado com as ideias de Simone de Beauvoir perceberá que não imergimos nas discussões sobre o feminismo, nas *10 Lições sobre Beauvoir*. Sobre sua contribuição para o movimento feminista e a questão da opressão das mulheres, há um vasto estado da arte sobre ele no Brasil e no Mundo. Sem desconsiderar sua excepcionalidade no tocante a este tema e sua contribuição para o Feminismo do século XX, optamos pelo resgate de assuntos timidamente abordados como sua fenomenologia existencial, com objetivo de reiterar a importância de seu pensamento para a Filosofia. Além do mais, nossa missão será apresentar ao leitor essa faceta ocultada, bem como sua singular contribuição para o pensamento moderno.

Primeira lição

Beauvoir, seu tempo e suas obras

Nascida (1908) na Paris do início do século XX, Simone Lucie-Ernestine-Marie Bertrand de Beauvoir[1], mundialmente conhecida como Simone de Beauvoir, dedicou toda a sua vida à escrita. Apesar de todas as designações dadas a ela, como filósofa, existencialista, feminista, ela se reconhecia também como escritora.

---

1. Simone Lucie-Ernestine-Marie Bertrand de Beauvoir, filha de um advogado e de uma dona de casa burgueses, possuía apenas uma irmã. Assim como muitas famílias burguesas francesas do início do século XX, a família Beauvoir também perecera com os acontecimentos da Primeira Guerra Mundial, quando Simone de Beauvoir tinha apenas 5 anos de idade. O pai, advogado, era um fiel amante dos livros e das artes, fato que implicou na positiva obsessão de Beauvoir pela leitura, da mãe, de certa forma, herdara o conhecimento sobre o catolicismo. Estudou no Instituto Désir, um curso católico exclusivo para meninas. Posteriormente, estudou literatura e matemática, mas foi em Sorbonne que ingressou no curso de filosofia. Ainda muito jovem se tornara professora de filosofia. Morreu em 1986 de pneumonia e fora enterrada ao lado de seu companheiro Jean-Paul Sartre, que na intimidade lhe chamava de Castor.

Beauvoir considerava que por meio da escrita conseguia observar a existência, e a partir de suas brilhantes observações e constatações sobre a humanidade, inventariar e analisar os comportamentos e as práticas da vida. Tanto que sua vasta produção bibliográfica, como veremos a seguir, não contemplou apenas ensaios filosóficos, como também romances, uma peça teatral, memórias e inúmeras cartas, publicadas quando da morte de Sartre (1980) e, posteriormente de sua morte (1986).

A respeito de sua criação em uma família burguesa em decadência, muitas informações nos são fornecidas em suas autobiografias, que mais tem a ver com uma contextualização da realidade sociocultural da França do início do século XX do que um mero relato biográfico. Em *Memórias de uma moça bem-comportada,* é possível apreender sua vida, bem como os acontecimentos sociopolíticos que afetaram significativamente a vida de sua família durante a ocupação nazista. Sua autobiografia não consiste meramente em uma história individualizada de si, mas mostra e reescreve sua existência dentro de um contexto maior: a realidade sociopolítica de sua época. Portanto, mesmo suas autobiografias não nos enfadonha ao tédio dos acontecimentos familiares e pessoais da personagem, na verdade, suas memórias são fontes inesgotáveis de conhecimento e história, haja vista que suas personagens interagem e existem no mundo. Sua escrita é sua vida e sua vida é sua escrita, tanto na dimensão política quanto na pessoal.

Danièle Sallenave declara em uma entrevista à Gallimard, a propósito do lançamento do livro *Castor de Guerre*, que as memórias de Beauvoir são "uma construção orientada, organizada, hábil, muito sedutora. Ela não mente, mas quer apresentar de si mesma a imagem que melhor corresponde ao seu projeto de ser autêntica, de viver na liberdade, de não comprometer, de estar comprometida..."[2] Sim, porque suas memórias são revisadas, são anos interpretados – apesar de sua própria existência refletir a história contada – em que há uma distância não apenas cronológica, mas também da verdade autorreinterpretada.

Entre ensaios, romances e memórias, contabiliza-se mais de 23 produções de Simone de Beauvoir, exceto as cartas trocadas com Sartre e Nelson Algren, publicadas posteriormente. Com

---

2. Disponível em: https://www.gallimard.fr/Media/Gallimard/Entretien-ecrit/Entretien-Daniele-Sallenave-Castor-de-guerre/(source)/183167. Acesso em: 6 jan. 2023.

objetivo de situar o leitor, listamos em ordem cronológica algumas de suas publicações mais conhecidas:

Ano	Obra[3]	Tipo
1943	*A convidada*	Romance
1944	*Pyrrhus et Cinéas*	Ensaio
1945	*O Sangue dos Outros*	Romance
1945	*Les Bouches Inutiles*	Teatro
1946	*Todos os homens são mortais*	Romance
1947	*Por uma moral da ambiguidade, seguido de Pirro e Cinéias*	Ensaio
1948	*A América dia-a-dia*	Ensaio/Memória
1949	*O segundo sexo*	Ensaio
1954	*Os mandarins*	Romance
1955	*Priviléges*	Ensaio
1957	*A longa marcha*	Ensaio
1958	*Memórias de uma moça bem-comportada*	Memória
1960	*A força da idade*	Memória
1963	*A força das coisas*	Memória
1964	*Uma morte muito suave*	Autobiografia
1965	*Mal-entendido em Moscou*	Romance
1966	*As belas imagens*	Romance
1967	*A mulher desiludida*	Novela

---

3. Para consulta completa sobre o conjunto da obra de Simone de Beauvoir, bem como o estado da arte sobre seus escritos, cf. Toadvine (2001, p.204-251).

1970	*A velhice*	Ensaio
1972	*Balanço final*	Memória
1979	*Quando o espiritual domina*	Romance
1981	*A cerimônia do adeus*	Memória

Das obras que elencamos acima, algumas têm se destacado desde sua produção, ou porque sobressaíram no ambiente intelectual francês e mundial ou porque causaram grande repercussão. Avulto, sob minha ótica, as obras que considero mais relevantes, por tipos de produção. Dentre os ensaios de Beauvoir destaco *Por uma moral da ambiguidade*, que trata da liberdade e suas ambiguidades, tornando-se, portanto, uma discussão existencialista em que a liberdade do outro é inerente à minha liberdade. Destaco também *O segundo sexo*, obra que causou *frisson* na sociedade parisiense em meados do século XX e repúdio de alguns intelectuais que consideravam patético o objeto que Beauvoir escolhera para sua teoria existencialista, qual seja, a condição feminina. E, por fim, dentre os ensaios destaco *A velhice*, também um ensaio de conteúdo existencialista, com destaque ao envelhecimento, ou seja, a condição do corpo velho em meio às sociedades e como estas lidam com esse tipo de existência.

Dentre os romances, destacam-se: *Os mandarins*[4], que recebeu o Prêmio Goncourt de 1954, ao retratar a história de seus personagens no pós-guerra e a retomada da vida depois da ocupação nazista, por meio da força das escolhas individuais e coletivas; e *A convidada*, que assinala a estreia de Beauvoir como escritora da Gallimard.

No universo das memórias de Simone de Beauvoir destaco *A força das coisas* e a *Cerimônia do adeus*. A primeira delas por retratar inúmeras viagens feitas por ela, bem como a excelência dos detalhes nos encontros políticos e sociais que realizara durante sua vida, dentre tantos outros detalhes pertinentes aos biógrafos tanto de Sartre quanto de Beauvoir. Da mesma maneira, na segunda memória que selecionei, uma série de conversas (entrevistas) que Beauvoir tem com Sartre nos anos finais de sua vida, e que relembram fatos significativos da vida pessoal, social, artística e intelectual em que partilharam durante muitas décadas. Na verdade,

---

4. Sobre *Os Mandarins* e sua conquista do Prêmio Goncourt, Beauvoir descreve sua indignação contra pessoas que aparentemente gostavam dela, e lhe davam "conselhos": "Houve quem dissesse que Sartre escrevia meus livros. Alguém, que até gostava de mim, aconselhou-me, logo depois que recebi o Prêmio Goncourt: 'Se você der entrevistas, esclareça bem que *Os Mandarins* é obra sua; você sabe o que dizem: que é Sartre quem guia sua mão...' (BEAUVOIR, 2009b, p.696).

considero, ao analisar as obras de Beauvoir, que ela é a grande biógrafa de Jean-Paul Sartre, pelo menos no que se refere à riqueza de detalhes públicos e privados.

Além dessa vasta e periódica produção bibliográfica, Beauvoir também contribuiu com inúmeros artigos e produções coletivas. Em 1944, criou a revista *Les Temps Modernes*, conjuntamente com Jean-Paul Sartre, Maurice Merleau-Ponty e Raymond Aron, tendo sua primeira edição publicada em 1945, sob este conselho editorial[5]. A revista, dedicada a discussões políticas, literárias e filosóficas foi importante no contexto pós--guerra. Até pouco antes de sua morte, Beauvoir contribuiu com a revista que criara.

A partir de suas memórias, é possível compreender sua militância política, sua paixão pela escrita, assim como suas viagens pelo mundo. Durante sua visita ao Brasil, na década de 1960, cujas memórias encontram-se em *A força das coisas*, Beauvoir afirma que não se demoraria nas

---

5. A revista *Les Temps Modernes*, sob a responsabilidade da Editora Gallimard, mantém até hoje um acervo com suas publicações, para mais informações, consultar: https://www.gallimard.fr/Catalogue/GALLIMARD/Revue-Les-Temps-Modernes. Acesso em: 6 jan. 2023. É possível verificar o nome de Simone de Beauvoir como diretora da revista até o ano de 1986 (ano de seu falecimento).

memórias referentes às viagens feitas aos Estados Unidos, à China (cf. LEMOS, 2016) e a Cuba, durante a revolução, talvez porque estes dois primeiros países receberam um destaque especial em outras obras[6], mas afirma que relataria com detalhes sua visita ao Brasil.

Dentre as inúmeras memórias trazidas por Beauvoir durante a visita ao Brasil, chama-lhe a atenção a hospitalidade nordestina. Após recepcionar Beauvoir e Sartre no aeroporto de Recife, Jorge Amado os apresentou Recife e Olinda, e depois foram à Bahia onde chamou atenção de Beauvoir a religiosidade brasileira, mais especificamente o candomblé. Dentre suas percepções, Beauvoir observa que 70% da população baiana era negra, em detrimento da escravidão, e que o Brasil era um país que se conhecia muito pelo paladar. Logo, suas obras são reflexo de sua vida assim como sua vida contribui para as percepções que ela, como autora, tem ao escrever sobre a sociedade e a cultura.

Assim como toda a Europa, os franceses foram impactados pela Segunda Guerra Mun-

---

6. Sua visita à China culminou na escrita de *A longa marcha*, que além de tratar de suas experiências vividas durante sua estada nesse país, também conduziu Beauvoir a um longo estudo sobre a China. No mesmo sentido, *A américa dia a dia,* relatara sua passagem pelos Estados Unidos.

dial. Intelectuais e artistas foram influenciados por este contexto que mobilizou tanto a produção artística-intelectual quanto o envolvimento de muitos deles em movimentos de contestação contra a ocupação nazista. No pós-guerra, apesar da euforia da liberdade conquistada, esse grupo continua um movimento de contestação contra qualquer tipo de domínio opressor, mesmo que legitimado.

Tanto que nossa autora expressa contundente preocupação e insatisfação com a guerra da Argélia e da Indochina, condenando qualquer processo colonizador. Na verdade Beauvoir expressa profundo desgosto para com a classe burguesa na qual fora educada. Esse contexto influenciou significativamente as memórias, ensaios e romances de Simone de Beauvoir (BEAVOUIR, 2009b, p. 701-704). Em entrevista concedida em 1959, para Wilfrid Lemoine da Radio-Canadá (cf. LEMOINE, 1959), afirmou que não tinha orgulho de ser oriunda de uma família burguesa, pronta e estruturada, na verdade afirma que lentamente foi tomando consciência de sua condição e de que queria construir sua própria história. Quando perguntada por Lemoine sobre o processo de construção de suas memórias, afirma a impossibilidade de escrever memórias sem considerar o "horizonte que nos cerca".

Seria impossível desconsiderar suas experiências antes, durante e depois da Segunda Guerra Mundial e a invasão alemã, sem considerar as invasões da Indochina e da Argélia e a própria Guerra Fria. Quando questionada por Lemoine sobre seu engajamento político, afirma categoricamente que é sempre de oposição ao governo, enquanto este se posicionar autoritário e antidemocrático, e reitera que enquanto houver opressão, colonialismo e desigualdade, seu engajamento será de oposição à política francesa. Apesar da utopia que isto representa!

Ainda em entrevista para Lemoine considera que, no mínimo, as memórias deveriam ser úteis e interessantes ao leitor, teria que ser, antes de qualquer coisa, significativa. No caso do romance, exigiria técnica, mas antes de tudo, possuir alguma verdade. Além do mais, Beauvoir nunca escondera sua paixão pela literatura, para ela a intercambiação entre literatura e filosofia era possível, na verdade considerava necessária, pois afirmara por inúmeras vezes que *não havia divórcio entre filosofia e vida*. Apesar de cultivar o método relacional entre literatura e filosofia, e defender essa associação veementemente, sofria inúmeras acusações: os filósofos acusavam-na de não seguir o rigor da filosofia tradicional ao escrever "romances existencialistas", enquanto os romancistas acusavam-na de utilizar técnicas inapropriadas na escrita de seus romances. Fato é que Simone de Beauvoir contribuiu para a construção do pensamento moderno, por meio de sua literatura, de sua filosofia e de sua fenomenologia existencialista, que podem ser constatados por meio de sua vasta, densa e significativa bibliografia.

Segunda lição

O segundo sexo no Index *Librorum Prohibitorum*

Antes de começar analisar as perspectivas teóricas de *O segundo sexo*, faz-se necessário discutir as repercussões em torno da obra publicada por Simone de Beauvoir em 1949. Optei por usar algumas impressões da própria autora que podem ser encontradas em sua memória *A força das coisas*, mas também exporei outros meios de comunicação que fizeram com que esta obra causasse *frisson* em meados do século XX.

Em suas memórias Beauvoir reconhece que esta obra fora pensada de uma maneira muito fortuita, inicialmente queria escrever sobre si, mas percebeu que precisaria falar da condição da mulher. O "homem se colocava como sujeito e considerava a mulher como objeto, como o Outro" (BEAVOUIR, 2009b, p. 210), tal constatação se deu a partir do momento em que ela começou a analisar as cosmologias sobre homens, os mitos religiosos, as superstições, as ideologias e as literaturas. Dentre estes elementos, Beauvoir destaca que Sartre lhe impulsionara reflexivamente a pensar sobre as questões fisiológicas e históricas que poderiam também contribuir para a análise da condição feminina. Por isso, afirma que sua obra se estendeu mais do que planejara, porém não levou muito tempo para escrevê-la, dividiu em dois volumes: o primeiro deles abordou os "*fatos e mitos*" e o segundo, "*a experiência vivida*". Sobre este último volume, Beauvoir afirma: "contei sistematicamente como elas se criam, da infância à velhice; examinei as possibilidades que este mundo oferece às mulheres, as que lhe são recusadas, seus limites, suas oportunidades e falta de oportunidades, suas evasões, suas realizações" (BEAVOUIR, 2009b, p. 211).

Beauvoir julgava "estranho e estimulante descobrir de repente, aos quarenta anos, um aspecto do mundo que salta aos olhos que não era percebido" (BEAVOUIR, 2009b, p. 211). Esta autossurpresa na verdade representava um olhar filosófico diferente do tradicional, que até então compreendia a realidade a partir da noção de sujeito universal. Nossa autora percebera, a partir de sua imersão na biologia e na história, que a diferença entre os sexos era de cunho cultural e não biológico. Apesar de não ter apostado tanto sucesso na publicação da obra, nos informa que o primeiro volume vendera, na primeira semana, mais de vinte e dois mil exemplares, e fora muito bem recebido. Entretanto, o segundo volume, "escandalizou" o público (BEAVOUIR, 2009b, p. 212).

O "escândalo" na publicação do segundo volume trouxe contra Beauvoir uma série ininterrupta de críticas, que antes de tudo utilizavam a humilhação para agredir a autora de *O segundo sexo*. Ameaças chegavam ao escritório de *Les Temps Modernes*, por meio de sátiras, exortações e admoestações, cujo conteúdo acusavam-na de neurótica à ninfomaníaca. Dentre os intelectuais próximos, Albert Camus a acusara de ter "ridicularizado o macho francês" (BEAVOUIR, 2009b, p. 216). Enquanto François Mauriac[7] afirmara que a partir da leitura de sua obra, passou a conhecer tudo sobre a vagina. Sobre isto, Beauvoir escreve:

> Bom. É monótono fazer pichações nos banheiros; que maníacos sexuais preferissem enviar-me suas elucubrações, eu poderia compreender. Mas, Mauriac, afinal! Ele escreveu a um dos colaboradores da *Temps Modernes*: "Fiquei sabendo tudo sobre a va-

---

[7]. Prêmio Nobel de Literatura em 1952.

> gina de sua patroa": o que mostra que, na intimidade, ele não tinha medo das palavras (BEAVOUIR, 2009b, p. 213).

Além de toda a repercussão sobre *O segundo sexo* entre os intelectuais, a direita católica francesa opõe-se ferozmente contra a obra e, em 1956, o Vaticano coloca seu livro no *Index*, como leitura proibida para os fiéis da Igreja, conforme noticiado no jornal *O Estado de S. Paulo*, de 13 de julho de 1956:

> **Livro de Simone de Beauvoir no "Index"**
> CIDADE DO VATICANO, 12 (AFP) — Um decreto da Congregação do Santo Ofício, datado de hoje, colocou no "Index dos Livros Proibidos" a obra de Simone de Beauvoir "Le deuxième sexe".

Roger Bastide escreve severas críticas contra sua obra, afirmando que ela tem um interesse muito mais hedonista que existencialista, e defende-se: "este artigo não é uma justificação da situação histórica criada para a mulher, mas apenas uma crítica do método de Simone de Beauvoir, e da confusão entre filosofia e sociologia..." (BASTIDE, 1950, p. 8). Segundo ele, ainda,

> Eis o que faz *O segundo sexo* não ser a tragédia da mulher, mas de uma mulher, da que adotou os valores do

> homem e se revolta contra tudo o que retarda sua assimilação por esses valores, [...] como a tragédia do negro de Sartre não ser a tragédia do preto, mas do preto que assimilou os valores do branco e se rebela contra aqueles que o declaram incapaz dessa assimilação. Numa palavra: a tragédia não está em que a mulher ou o negro não tenham liberdade, pois eles sempre a tiveram, mas em ter mudado de projeto se adotados outros valores. O drama é sociológico, não é metafísico. A verdadeira liberdade sai incólume das diversas situações históricas (BASTIDE, 1950, p. 8).

Bastide é bem determinista quanto às representações de gênero e "o lugar" da mulher na cultura e na sociedade, segundo ele "a mulher renegou essa concepção de feminino, quer agir como homem." Renega veementemente que a mulher tenha sido privada de liberdade em seu processo histórico e para isto faz como tantos outros intelectuais, reduz os escritos de Beauvoir a sua biografia, considera que "Simone de Beauvoir hesita entre o existencialismo e o hedonismo" (LEMOS, 2019).

Se para uns a obra merecia ser criticada, para Beauvoir, na verdade, teria sido erroneamente lida, entendida e compreendida. Apesar de tudo, trouxera-lhe muita satisfação na produção, e sobre aqueles e aquelas que a acusavam de não tentar transformar a situação das mulheres, ela afirmava que este não era o objetivo de seu trabalho: "foi por isso que evitei encerrar-me naquilo que se chama de *feminismo*" (BEAVOUIR, 2019b, p. 218. Grifo da autora). Beauvoir julgava que a partir de sua obra as mulheres deveriam tomar consciência de si e de sua situação no mundo, por isso não se sentia responsável por esta mudança estrutural imediata da sociedade. Sua função enquanto escritora, portanto, não seria apontar o que deveriam ser na sociedade, mas demonstrar a situação delas.

Sobre o que escrevera em *O segundo sexo* sobre as mulheres, afirmava: "prefiro ter, por meio delas, uma apreensão do mundo limitado, mas sólida, a flutuar no universal" (BEAVOUIR, 2019b, p. 219). Outrossim, considera que sua tarefa como escritora não seria abstrata, mas, concreta, no sentido de demonstrar os fenômenos socioculturais observáveis na realidade dos sujeitos. A propósito disto, sobre as críticas que recebera por compreender a relação entre metafísica e literatura (BEAVOUIR, 2005, p.80) destaca que "é no seio do mundo que pensamos o mundo", é a partir dele que observamos os fenômenos acontecerem.

Observo que *O segundo sexo* é, antes de tudo, uma obra de cunho existencialista fenomenológica, apesar de Simone de Beauvoir rejeitar categoricamente este "rótulo". Sua alegação era de que não elaborara um sistema filosófico de pensamento para ser considerada uma filósofa. Considerava-se filósofa em virtude de sua formação, de seu interesse pelas coisas da vida, mas não como os modelos de sistematização filosófica criados por Sartre, Heidegger, Hegel. Por isso, nas suas entrevistas e memórias declara que antes de se considerar filósofa e existencialista, considerava-se uma escritora. Apesar de seu despojamento da filosofia, sim, Beauvoir era uma filósofa que pensou a existência em um contexto pós-guerra, que pensou e escreveu sobre a liberdade de si e dos Outros. Talvez, não se reconheça enquanto filósofa por não se enquadrar em um sistema de pensamento convencional, no qual se enquadrava o círculo filosófico tradicional de homens, que pensavam sobre o homem universal, o homem naturalmente social. Talvez, Beauvoir não compreendera que o absurdo de sua obra, consistiu na elaboração de seu sistema filosófico.

Em *O segundo sexo*, mais precisamente na primeira metade do século XX, uma filósofa retratara a condição das mulheres e seu destino. Temas da filosofia existencialista – liberdade, ambiguidade, existência, transcendência, imanência, O Outro – foram amplamente debatidos nesta obra; assim como temas da fenomenologia – corpo, experiência, percepção. Segundo Eva Gothlin, a novidade autoral de Beauvoir em *O segundo sexo* consiste, também, no fato de que sua escrita tem um importante enfoque na filosofia da história e na fenomenologia,

> A fenomenologia de Beauvoir é tanto descritiva quanto explicativa. *Le Deuxieme Sex* não é apenas uma investigação fenomenológica da situação da mulher, mas também uma tentativa de explicá-la. Não uma única explicação, mas a multiplicidade de fatores que relegaram a mulher a um *status* subordinado. É também aqui que a fenomenologia existencial de Beauvoir converge com sua filosofia da história (GOTHLIN, 2001, p. 48).

Não é um tratado sobre as mulheres e/ou sua história no mundo, ou como obscuramente afirmou Mauriac, um compêndio sobre a vagina, mas uma compreensão dos "mitos e fatos" da existência feminina frente à facticidade e à "experiência vivida". Uma filosofia que teórico-metodologicamente pensou o mundo a partir da realidade do Outro, que neste caso é a mulher: o segundo sexo, o outro, o inessencial, o não absoluto.

Os questionamentos sobre seu método e sua teoria em *O segundo sexo* desafiam o tradicionalismo filosófico de sua época e até os dias atuais. As críticas a respeito de sua obra foram divididas por categorias, dentre os filósofos tradicionais a obra não observara o rigor teórico-metodológico próprio da filosofia; dentre os intelectuais e os escritores, considerava-se um constrangimento a exploração de um assunto tão esclarecido e conhecido de todos: a mulher!; e, por fim, dentre os conservadores e a religião, uma vergonha social, haja vista que Beauvoir demonstrara a real situação das mulheres, logo, temas como aborto, erotismo, sexualidade, maternidade foram amplamente discutidos. E apesar de não intencional, o desvelamento da situação feminina contribuiu para o movimento feminista e sua reflexividade sobre a realidade feminina, e posteriormente seu processo de desconstrução dos "fatos e mitos" a partir das "experiências vividas".

Terceira lição

O existencialismo beauvoiriano

O existencialismo, enquanto proposta filosófica, distancia-se das amarras dos axiomas absolutos e por vezes fora acusado de uma espécie de "naturalismo", por compreender o homem em sua dimensão concreta. Segundo Beauvoir, aquilo que passaram a chamar de existencialismo – uma vez que o existencialismo parecia se distanciar da Filosofia tradicional, e apesar de inicialmente não concordar com a nomenclatura, aceitou pela facilidade de reconhecimento diante das discussões filosóficas tradicionais – considerava que não havia separação entre problemas políticos e morais. O homem é um *vir-a-ser*, e nisto consiste sua liberdade para construir sua própria história, estaria, portanto, sempre na eminência de realizar "na origem da ação e da sua verdade" (BEAVOUIR, 1965, p.10).

Nos escritos beauvoirianos destacam-se as constantes defesas a favor do existencialismo, haja vista as discussões sobre sua falta de legitimidade frente à filosofia convencional. Por vezes fora acusado, destaca Beauvoir, de frivolidade e gratuidade, mas contra estes, ela destaca que seria vazia uma filosofia exclusivamente contemplativa, uma vez que *"não há divórcio entre filosofia e vida"*. O existencialismo, portanto, não teria ganhado o ineditismo ao abordar a miséria humana, visto que sempre fora um tema recorrente na construção do pensamento entre as "verdades oficiais". Dentre as críticas, Beauvoir destaca sua percepção a respeito delas:

> Acusam-na de oferecer ao homem uma imagem de si próprio e da sua condição adequada a desesperá-lo. O existencialismo [...] desconheceria a grandeza do homem e preferiria pintar apenas a sua miséria; acusam-no, mesmo seguindo um neologismo recente, de "miserabilismo"; é, diz-se, uma doutrina que nega a amizade, a fraternidade e todas as formas de amor; encerra o indivíduos numa solidão egoísta; separa-o do mundo real e condena-o a permanecer entrincheirado na sua pura subjetividade, pois recusa aos empreendimentos humanos, os valores estabelecidos pelo homem, aos fins que prossegue, qualquer justificação objetiva. Verdadeiramente, o existencialismo será conforme a esta imagem? (BEAVOUIR, 1965, p. 13-14).

O Existencialismo é acusado, dentre tantas outras coisas, de não fornecer esperança ao homem e sim desespero, visto que a vida humana, tal qual se apresenta, coloca-o frente a escolhas morais que dependem exclusivamente de sua atitude frente à sua liberdade, que deve estar ligada à liberdade dos Outros, portanto, a alegação de uma filosofia egoísta desmonta-se no mesmo instante em que se defronta com a necessidade de fazer escolhas frente a outras realidades. O existencialismo, segundo Beauvoir, não recusaria os empreendimentos humanos e os valores estabelecidos porque há um diálogo entre a minha liberdade, a liberdade dos outros e os fatores externos que nos cercam. O tema da miséria tem importância no existencialismo porque me condiciona a pensar o outro como oprimido e dominado. A minha liberdade, portanto, dependeria da liberdade dos outros.

Talvez a crítica feita ao existencialismo pela sua ideia de fracasso radical está na busca da felicidade, que, por sua vez, é permeada pela impossibilidade. A existência fracassaria, portanto, porque cada indivíduo estaria em busca de uma felicidade individualizada, logo, improvável. A realidade da morte, assim como a miséria, também não seria uma discussão exclusiva do pensamento existencialista, sempre esteve no seio da filosofia clássica, das religiões e das comunidades. Sempre estiveram presentes assombrando a existência. Por tratar de assuntos pertinentes aos obscuros processos compreensivos da humanidade, o existencialismo fora considerado uma corrente de pensamento pessimista e incapaz de dar esperança aos homens.

Ao contrário disto, o existencialismo, afirma Beauvoir, traz uma consciência desveladora ao homem, no sentido de que eles têm que compreender sua liberdade, assumir suas responsabilidades não somente frente a si, mas também frente ao mundo. "A sabedoria das nações afirma, por diversas formas, este postulado único. Se o homem não pode modificar sua essência, se não intervém no seu destino, só lhe resta aceitá-lo com indulgência: isso dispensa-o das fadigas da luta" (BEAVOUIR, 1965, p. 35-36) isto porque "envolver-se em responsabilidades demasiado pesadas (...) e é essa a razão mais profunda da sua repugnância a respeito de uma doutrina que coloca essa liberdade no primeiro plano" (BEAVOUIR, 1965, p. 31-32). Isso posto, uma doutrina que concebe a liberdade como responsabilidade individual, e não como controle institucionalizado, eleva os indivíduos à condição de autonomia frente à sua existência, deve transcender-se, mas, comprometendo-se com o mundo.

Para o existencialismo beauvoiriano, quatro elementos são pilares: a transcendência, o comprometimento com o mundo, o movimento para o Outro e a superação do presente por um futuro que a própria morte não é capaz de limitar. Se é findada apenas como uma corrente subjetivista, a realidade social não seria tão fundamental para ser, como bem afirma Beauvoir: "no existencialismo, pelo contrário, o eu não existe". Eu existo sempre que me coloco constantemente em oposição à realidade fixa das coisas, e meus projetos não são predeterminados, eles vão se fazendo, para seus próprios fins. Isto não é uma filosofia desesperada, mas que concede ao homem a chance de decidir como usar sua liberdade. O homem, portanto, não é nem bom e nem mal, "ele é nada", aqui a natureza se manifestaria em sua imparcialidade, depende do uso de sua liberdade e de como superará cada situação. Nesse caso, "o homem é o único e soberano senhor do seu destino" (BEAVOUIR, 1965, p. 32).

No pensamento existencialista de Beauvoir, somos lançados à sorte, não há como ficar inerte diante do que está acontecendo no mundo. Somos chamados à tomada de decisões, com muitas possibilidades. Segundo ela, o existencialismo nos convida a participar desse "grande empreendimento humano". E como aposta, não ganhamos e nem perdemos, arriscamo-nos e lutamos. O fracasso, oriundo desta aposta deve ser transfigurado em superação. Isto seria um pessimismo? Não, apenas um enfrentamento da realidade que é a verdade!

> "O existencialismo já não espera <u>desvendar</u> ao homem a infelicidade oculta da sua condição; quer apenas ajudá-lo a assumir essa condição que lhe é impossível ignorar" (...) A maioria dos homens passa a vida ajoujado pelo peso de <u>ideias feitas</u> que os abafam. Se decide tomar consciência clara da sua situação no mundo, só então se encontra consigo mesmo e com a realidade (BEAVOUIR, 1965, p. 39-40, grifo nosso).

O desvelamento não retira o homem de sua condição, mas o conscientiza de sua situação. Não encontrará a felicidade, mas a verdade, tomará consciência de si e dos outros no mundo, ele existe! Apesar de toda crítica infundada de que o existencialismo só apresentaria o fracasso humano, Beauvoir aposta que o existencialismo confia nos homens! (BEAVOUIR, 1965, p. 42). Quer lhes dar a chance de existir, para além de si mesmo, para os outros, pois "querer-se livre é também querer os outros livres, essa vontade não é uma fórmula abstrata ela indica a cada uma das ações concretas a serem realizadas" (BEAUVOIR, 2005, p. 63).

No pensamento beauvoiriano, o existencialismo[8] é antes de tudo ambíguo, no sentido de que ele desvela a situação humana, ao mesmo tempo em que coloca o homem como protagonista de suas escolhas, apto a liberdade, por outro, imputa-lhe a sua responsabilidade diante delas. Citando Sartre sobre quem seria o homem, Beauvoir o concebe como "este ser cujo ser residem em não ser" (BEAUVOIR, 2005, p. 15), ou seja, o homem para o existencialismo teria uma liberdade engajada, um *para-si* em

---

8. "O existencialismo se esforça para manter as duas pontas da cadeia ao mesmo tempo, superando a oposição interior-exterior, objetivo-subjetivo. Postula o valor do indivíduo como fonte e razão de ser de todos os significados e de todas as cores, mas admite que o indivíduo só tem realidade por meio de seu envolvimento com o mundo. Afirma que a vontade de ser livre é suficiente para a conquista da liberdade, mas também afirma que essa vontade só pode ser adiada lutando contra os obstáculos e opressões que limitam as possibilidades concretas do homem. É semelhante ao individualismo no sentido de que lhe parece importante que cada indivíduo obtenha sua própria salvação, e que cada indivíduo apareça como o único capaz de obtê-la por si mesmo. No entanto, também se assemelha ao realismo marxista no sentido de que somente trabalhando ativamente para o triunfo concreto da liberdade universal, propondo para si fins que vão além dela, o indivíduo pode esperar ser salvo. Desta forma, o existencialismo também busca a reconciliação daqueles dois reinos cujo divórcio é tão infame para os homens de nosso tempo: o reino ético e o reino político." (BEAUVOIR, 2019c, p.38-39, tradução nossa).

movimento para o outro, uma subjetividade que só existe se estiver no mundo. O homem existe, mas só existe se mergulhado na realidade do mundo, no uso de sua liberdade e na responsabilidade de suas escolhas para si e para os outros. O existencialismo não propõe nenhuma fuga da realidade, apenas que haja consciência de si e dos Outros. A única limitação da existência seria a morte, visto que ela seria uma não existência, pois só se existe fazendo!

Quarta lição

A tradição da fenomenologia existencialista de Beauvoir

Beauvoir não escrevera um tratado sobre a fenomenologia existencialista, mas, é impossível ler suas biografias, suas autobiografias, seus ensaios e seus romances sem perceber a experiência de si e dos Outros como fonte de observação da realidade. Sua amizade e proximidade a Merleau-Ponty fizeram dela uma leitora dialógica de sua fenomenologia existencialista, entretanto, seus primeiros contatos com esta fenomenologia se deram em Sorbonne, por meio de seus mentores influenciados pela filosofia alemã.

Entre os anos de 1930 e 1940, a fenomenologia francesa ressurge fortemente influenciada pela releitura de Hegel, dado o contexto histórico filosófico da época relaciona-se estreitamente com o pensamento existencialista. Gothlin afirma que há nesse contexto uma "tendência de alinhar Hegel e Marx com a fenomenologia" (GOTHLIN, 2001, p. 48). Portanto, não há nenhuma novidade sobre a compreensão do relacionamento beauvoiriano entre a tradição fenomenológica e o existencialismo, esta prática tornara-se comum aos pensadores de sua época. O diferencial de Simone de Beauvoir estaria na forma como assumira método fenomenológico para compreender a experiência dos sujeitos.

Hoje, o reconhecimento de que Beauvoir pertencera à tradição fenomenológica tem ganhado cada vez mais força entre seus estudiosos (cf. O'BRIEN, 2001), o que não a excluiria definitivamente da tradição existencialista, pois como discutido acima, ambas podiam ser correlatas entre seus contemporâneos. "Assim, por um lado, é importante definir a filosofia de Beauvoir como fenomenológica, em vez de apenas existencialista. Por outro lado, também é necessário enfatizar que é uma fenomenologia existencial" (GOTHLIN, 2001, p. 44).

Os primeiros estudos feitos sobre as obras de Simone de Beauvoir não conseguiram captar toda a complexidade de sua teoria, ou abordavam sua contribuição à agenda feminista ou sua contribuição para a filosofia. A crítica atribuída ao pensamento beauvoiriano, dentre elas a de que seu pensamento era extensivo ao existencialismo sartreano, pode ser refutada com a releitura de suas cartas, memórias e ensaios filosóficos. E, segundo a tese abordada por O'Brien, um dos elementos mais importantes revisados em seus ensaios fora a compreensão fenomenológica[9],

> É o estudo dos fenômenos, ou seja, "o estudo da experiência humana e a maneira como as coisas se apresentam a nós dentro e por meio dessa experiência". Muitas vezes mal interpretada como um retorno à psicologia introspectiva, a fenomenologia se concentra na experiência vivida (*vivência ou a experiência vivida*), ou seja, em nossos encontros com o mundo e nas maneiras correlativas pelas quais o mundo, situações, objetos, outros, etc., nos aparecem na experiência, e nos significados que damos a esses assuntos. Como tal, rejeita sistematiza-

---

9. Segundo O'Brien (2001), o trabalho de Beauvoir deve, segundo ela mesma, "ser examinado a partir do âmbito da erudição fenomenológica e da investigação fenomenológica. Seu conhecimento com figuras-chave da tradição fenomenológica é evidenciado em suas autobiografias, cartas e diários. Sua introdução à Fenomenologia foi geralmente considerada como tendo sido resultado do conhecimento de Sartre com Raymond Aron. Em licença do Instituto Francês em Berlim durante 1933, Aron contou a Sartre e Beauvoir seus estudos sobre as obras de Husserl. Sua caracterização da Fenomenologia como proporcionando aos indivíduos a oportunidade de "falar sobre esse coquetel e fazer filosofia dele", [ou seja], "de descrever objetos exatamente como ele os viu e tocou e extrair a filosofia do processo" forneceu uma estrutura a partir da qual eles poderiam "abraçar toda a experiência".

> ção e "grandes teorias" que marcaram grande parte da história da filosofia e, em vez disso, oferece análises fundadas na observação reflexiva." Foi a influência dessa escola de pensamento em sua filosofia que não foi reconhecida (O'BRIEN, 2001, p. 2)

O'Brien considera importante reconhecer a teoria de Beauvoir na tradição fenomenológica, mas, principalmente, a utilização deste método no desenvolvimento de seu pensamento.

> Os trabalhos de Beauvoir estão repletos de análises descritivas de experiências vividas. Seja analisando a vida das mulheres, a situação dos idosos, a vida na França após a Segunda Guerra Mundial ou sua própria vida, Beauvoir dedica atenção cuidadosa à observação de experiências à medida que são vividas. Ela não se contenta em filosofar sobre o que poderia ter sido. Em vez disso, ela começa e termina seus estudos nas experiências vividas dos indivíduos, em relatos de como suas vidas foram vividas, não de como ela poderia ter desejado que elas tivessem sido vividas (O'BRIEN, 2001, p. 4)

Por meio da leitura de seus romances, ensaios e memórias é possível detectar de imediato a capacidade de captação experiencial que ela possui. Pergunto-me por vezes se esta capacidade estaria condicionada exclusivamente à sua sensibilidade histórica ou uma inteligibilidade da realidade, mas, por fim, percebo que estaria condicionado à capacidade multidimensional que tem ao compreender os processos de interiorização, de exteriorização frente às realidades vividas. Isto se torna evidente, por exemplo, na forma como descreve o processo de adoecimento e morte de sua velha mãe. Nas páginas que seguem "*Uma morte muito suave*", Beauvoir consegue refletir sobre as dificuldades de ver o corpo nu de sua mãe, não por uma experiência pudica, mas pela constatação de que para ela "não havia corpo que existisse menos do que o dela, mais ainda, não existia", e ainda assinala que o corpo de sua mãe se tornara um tabu, haja vista sua dimensão repugnante e simultaneamente sagrada que se apresentara para Beauvoir no leito de morte (BEAUVOIR, 2020). Em "*Uma Morte muito Suave*", a própria nomenclatura do título faz parte de uma experiência vivida por ela. Quando da morte de sua mãe uma das cuidadoras, em tom conciliador, se dirige a Simone de Beauvoir e afirma: "sua mãe teve uma morte muito suave". Essa capacidade de extrair os elementos mais significativos da realidade vivida por ela e pelos outros que a inclui em uma categoria elevada, a partir da percepção da realidade que está à sua volta. Ela não elabora teorias sobre a velhice e o morrer, mas observa e percebe esses fenômenos e como se misturam a realidade social.

Muitos autores contribuem com um resgate para "trazer à luz elementos negligenciados de sua filosofia – e, assim, garantir um lugar para ela dentro do cânone filosófico" (O'BRIEN, 2001, p. 5). A tentativa de inclusão de Beauvoir em seu devido lugar na filosofia se deu a partir da releitura e da reinterpretação de suas próprias obras. Margaret Simons suspeita, por meio da análise dos diários de Beauvoir como fonte de sua imersão compreensiva de sua filosofia, que seus primeiros contatos com a Fenomenologia tenham se dado em Sorbonne, com seu mentor Jacques Baruzi, influenciado pelas ideias de Husserl (SIMONS, 2001).

Destacam-se as percepções de Beauvoir sobre experiências vividas como a velhice, a experiência das mulheres, o enfrentamento da realidade da morte dos outros, a opressão, não apenas pela ótica interiorizada, mas a partir dos princípios exteriorizantes da história e das realidades apresentadas, ou seja, o fenômeno e sua inserção no projeto histórico. Estava mais preocupada com a experiência observada do que o projeto abstrato de interpretação. Nisto se distanciava de Sartre. No tocante à liberdade radical de Sartre, Beauvoir considerava que a liberdade estaria ligada à experiência com os outros, com os fatos e com a própria atitude frente a ela.

A experiência vivida aparece em seu existencialismo fenomenológico, principalmente por meio da relação que ela estabelece entre filosofia e literatura. A atitude descritiva frente às suas personagens ultrapassa o limite da literatura, pois remete a problemáticas filosóficas; da mesma forma, sua postura analítica frente à filosofia ultrapassa os pressupostos absolutos. A percepção do mundo é fonte de análise da existência, portanto, sua filosofia, qual seja, a intercambiação entre literatura e filosofia é "uma tentativa de refletir a experiência concreta, sua investigação dos significados dados a essas experiências pelo indivíduo e sua confiança na experiência vivida como base para refletir sobre problemas filosóficos como a oposição do eu e outros" (O'BRIEN, 2001, p. 8).

Margaret Simons, em seu ensaio sobre *The Beginnings of Beauvoir's Existential Phenomenology*, realiza um trabalho extremamente relevante para os novos estudos sobre a fenomenologia existencialista de Beauvoir. Em 1990, Sylvie Le Bon de Beauvoir, filha adotiva de

Beauvoir, encontra o diário manuscrito de sua mãe, datado de 1927, ou seja, dois anos antes de conhecer Sartre, quando ainda estudava Filosofia em Sorbonne. A importância deste diário está no fato que nos dá a conhecer muitos elementos constitutivos de sua própria construção filosófica. A respeito disto, Simons demonstra a dificuldade de reconhecimento de um diário como instrumento de reflexão filosófica, entretanto, o de Beauvoir possui inúmeras anotações e singularidades por vezes suprimidas, portanto, o diário de 1927 seria "um meio de corrigir a deturpação autobiográfica posterior de Beauvoir de si mesma como escritora e Sartre como filósofo" (SIMONS, 2001, p. 20).

Nele, Beauvoir destaca a importância de fazer aquilo que lhe apaixonara, ou seja, combinar Literatura e Filosofia: "A metodologia filosófica de Beauvoir, combinando literatura e filosofia, foi projetada para expandir as limitações da filosofia tradicional usando técnicas literárias para refletir a paixão e a experiência concreta da busca filosófica" (SIMONS, 2001, p. 21).

No seu diário, é possível destacar sua percepção sobre a experiência religiosa como fuga do desespero e do autoengano. Afirma categoricamente preferir a crítica e a razão à fé. Afirma, ainda, que o ato de fé seria o mais desesperador que conhecera, portanto, preferiria a lucidez, apesar de às vezes invejar o autoengano do outro. Para Beauvoir, a crença se tornara uma memória boa e importante de sua vida, fazia-a lembrar de sua infância, de sua escola católica e de sua mãe. A religião passou a ter a função de memória. Existencialmente, ela gostaria de construir suas próprias verdades, o que não seria possível na dependência de uma cosmologia religiosa. Ela faz uma analogia do amor com a fé, como dedicação ao outro. Aqui é possível perceber o centro da filosofia beauvoiriana: a oposição de si e dos outros, que não surge como no pensamento sartreano no "interior do solipsismo, mas da experiência de nossa busca pelo amor baseada na interdependência de si mesmo e do outro" (SIMONS, 2001, p.24).

Essa interdependência não se constitui como um elemento psicológico, mas como uma existência ontológica. A busca pelo amor entra como discussão filosófica em Beauvoir quando a abnegação de sua vontade é condicionada ao outro, opondo-se a si mesma. Tanto o autoengano quanto o egoísmo pela subjetividade do outro me conduzem à evasão de minha própria subjetividade, por isso, o amor caracterizar-se-ia a uma espécie de sadismo, no sentido de que amar é "sentir-se dominado".

Diante do exercício de aproximação e distanciamento entre a fenomenologia de Beauvoir e Merleau-Ponty, Simons destaca semelhanças a partir da noção de subjetividade incorporada e liberdade situada, o que revela um importante e necessário distanciamento da filosofia de Sartre.

Quinta lição

"Por uma moral da ambiguidade"

Em seu livro lançado originalmente em 1947 (dois anos antes de *O segundo sexo*), *Por uma moral da ambiguidade*, que a propósito nomeia o título de nossa quinta lição, Beauvoir discute as inseguranças e as incertezas – próprio daquilo que é ambivalente – da existência humana. E dentre a questão que cerca o ser humano e o coloca incerto frente o existir está a morte. E assim nossa autora inicia sua obra, a dúvida trazida com a certeza da morte impõe-se diante da humanidade desde o nascimento dos sujeitos. É uma realidade na qual todos nós, independentemente do contexto sociocultural vivido, deparamo-nos inevitavelmente. As inseguranças advindas com esta constatação, coloca-nos no enfrentamento de uma realidade pela qual todos os homens passarão.

Aliás, o morrer não é uma exclusividade humana, todas as espécies, afirma Simone de Beauvoir, nascem finitas. Elas nascem para morrer, a grande diferença do humano para as demais espécies é que o ser humano é o único dos viventes que tem consciência do seu fim. Ao contrário do privilégio de "ter consciência da finitude", isso nos coloca em situação de instabilidade e insegurança, pois somos "soberanos frente a um destino paradoxal" (BEAUVOIR, 2005, p. 13).

Na concepção beauvoiriana, "ele se evade de sua condição natural sem, no entanto, dela libertar-se", isto porque a capacidade que nos faz pensar sobre si, sobre a nossa existência e a existência dos outros é paradoxal, no sentido de que nos faz soberanos sobre as demais espécies viventes, da mesma forma que nos faz refletir sobre a morte dos outros e a nossa, que seria o fim do pensar sobre si e sobre os outros. Nossa paradoxal liberdade está fadada à reflexão da morte, que não é só a dos outros, mas nossa própria morte. "Essa trágica ambivalência pela qual o animal e a planta apenas passam, o homem a conhece, ele a pensa" (BEAUVOIR, 2005, p. 13).

O tema da morte é um elemento crucial para qualquer legitimação religiosa da realidade humana. Segundo Beauvoir, religiosos e filósofos tentam há muito tempo mascarar a morte, por meio de pressupostos dualistas (corpo e alma), em uma perspectiva explicativa da eternidade, o que para Beauvoir tem mais a ver com a compreensão da realidade social/existencial da morte e menos a ver com uma condição metafísica (BEAUVOIR, 2005, p. 14-15); ou seja, eles recusaram a morte e a fizeram parte da vida. E o que não seria isto senão uma fuga desta tão alarmante ambiguidade, essa incontrolável condição paradoxal do existir!?

As reflexões beauvoirianas sobre a morte e sua realidade (ine)existencial também podem ser observadas em sua obra *A cerimônia do adeus*, publicada em 1981, em que retrata os últimos anos e a morte de seu companheiro Sartre,

> Eis aqui meu primeiro livro – o único certamente que você não leu antes que o imprimissem. Embora todo dedicado a você, ele já não lhe concerne. Quando éramos jovens e, ao fim de uma discussão apaixonada, um de nós triunfava ostensivamente, dizia ao outro: "Você está enclausurado!" Você está enclausurado; não sairá daí e eu não me juntarei a você: mesmo que me enterrem ao seu lado, de suas cinzas para meus restos não haverá nenhuma passagem. Este você que emprego é um engodo, um artifício retórico. Ninguém me ouve; não falo com ninguém. Na realidade, dirijo-me aos

amigos de Sartre: àqueles que desejam conhecer melhor seus últimos anos (BEAUVOIR, 2015, p.07).

Nesse fragmento, Beauvoir nitidamente relata a experiência de morte do outro, que nesse caso é Sartre. Aqui, ela categoricamente não usa subterfúgios para mascarar a morte, tentando legitimá-la com a esperança do reencontro. Ela afirma que apesar desta obra ser dedicada a ele, não lhe interessa mais, pois não há mais possibilidade de existência. Beauvoir afirma que mesmo se morrer e for sepultada ao seu lado – como de fato acontecera – eles não teriam um reencontro, haja vista que a paradoxal realidade da morte poria fim a todos os sentidos que partilhavam. Ao contrário das confortantes teodiceias trazidas pelas religiões, que ajudam na explicação da morte, para os existencialistas – Beauvoir e Sartre – viver é existir e a morte é uma não existência.

Diante disto, constata-se que o homem existe, mas não tem liberdade para decidir sobre a sua morte, por isso essa realidade ambígua. Por outro lado, sobre a moral da ambiguidade, Beauvoir destaca que "a fonte de todos os valores reside na liberdade do homem" (BEAUVOIR, 2005, p. 20). Destaca ainda que é inerente à moral o fracasso, enquanto condição humana. Entes perfeitos não carecem de moral para existir, apenas homens. Citando Hegel na *Fenomenologia do Espírito*, Beauvoir afirma que a moral é um pressuposto na medida em que há entraves entre a moralidade e a natureza, caso não houvesse, desapareceria, e não haveria consciência moral (BEAUVOIR, 2005, p. 16).

Para o pensamento beuauvoiriano, a moral é inerente à condição do homem, ela surge a partir dos fracassos, resultado de seus projetos não realizados e que devem ser superados constantemente. Esta superação, faz parte da construção do ser. Aquilo que projetamos não precisa necessariamente ser concretizado, mas apenas ter a possibilidade de *vir a ser*. A moral não seria uma imposição caracteristicamente natural do ser humano, ela seria criada a partir das necessidades de si e dos outros. Segundo a autora, em uma absurda conversão da moral em lei natural, ela deixaria de ser uma "consciência moral" e tornar-se-ia em lei.

Referenciando Sartre, Beauvoir destaca o caráter ambíguo em sua obra *O ser e o nada*, a fim de digerir uma constatação da condição humana: "seu ser é falta de ser não lhe é permitido existir sem tendo para este ser que ele jamais será" (BEAUVOIR, 2005, p. 17). Dito de outra forma, na busca pela verdade, o caminho não seria negar o ambíguo que nos constituímos, mas enfrentar esta realidade característica da própria existência. A busca pela liberdade deveria guiar o ser humano diante de suas escolhas, "o que define o humanismo é que o mundo moral não é dado é um mundo desejado pelo homem na medida em que sua vontade expressa sua realidade autêntica [...] Portanto, só há moral se houver um problema a ser resolvido" (BEAUVOIR, 2005, p. 21).

Em *Por uma moral da ambiguidade*, a autora considera que seria impossível uma moral da ambiguidade se minha liberdade que perpassa pela liberdade do outro é negada. São por meio de projetos individuais que interagem entre si e permitem observar, de fato, que a liberdade dos outros perpassa pela minha própria liberdade, sem isso a busca de liberdade não existe! Seria possível, portanto, compreender que a partir de liberdades individuais – não individualizadas – posso estabelecer regras que valem e beneficiam a todas as pessoas. Visto que leis que privilegiam apenas alguns indivíduos não seriam aceitáveis, a consciência de existir só se realiza, de fato, quando as liberdades se entrecruzam.

Segundo a autora, não haveria nada mais original no homem do que a ambiguidade; ao mesmo tempo que deseja ser livre, ele deve desejar a realização dos projetos universais. Só isto justificaria o existir: "querer-se livre é efetuar a passagem da natureza à moralidade, fundando na irrupção original de nossa existência uma liberdade autêntica" (BEAUVOIR, 2005, p. 26); ou seja, a verdadeira liberdade é aquela que confronta meus desejos e projetos individuais frente a outros desejos e projetos outros existentes. É uma superação que me coloca diante do outro com sua liberdade em diálogo com a minha. Não há o existir sem o reconhecimento de outras existências, que por sua vez conduz autenticamente ao princípio da liberdade. Querer-se livre é relacional ao outro livre.

Supõe-se que sejamos livres, mas ao nascer somos jogados em mundo pronto e acabado, que exige que minhas vontades estejam condicionadas às vontades eteriamente prontas antes da minha própria existência. Por isso, referenciando-se a Descartes, Beauvoir considera: "a liberdade do homem é infinita, mas seu poder, limitado" (BEAUVOIR, 2005, p. 29). Isso posto, a liberdade passa pelo desvelamento. Portanto, "a escolha moral é livre, portanto, imprevisível" (BEAUVOIR, 2005, p. 39), logo recusar ser livre também é uma escolha e uma forma de existir. A moral seria, portanto, "o triunfo da liberdade sobre a facticidade" (BEAUVOIR,

2005, p. 42), pois para existir faz-se necessário enfrentar o mundo.

Sobre a paradoxalidade de ser, Beauvoir (2005, p. 40) caracteriza um tipo de homem: o **sub-homem**. Ele tem como característica não se lançar no mundo, por medo de existir, e esse medo recusa a paixão. Faz-se presente no mundo, mas vive insignificantemente, anulando sua existência. Apesar de presente no mundo, recusa sua existência, pois, vive apenas a facticidade, negando assim ser. Mas Beauvoir considera que a recusa da existência é uma forma de existir! É decerto uma forma de engajamento a valores prontos, negando a si mesmo, experimentando uma forma tediosa de conhecer o mundo (BEAUVOIR, 2005, p. 20).

Sexta lição

O problema da morte e da velhice em Beauvoir

No pensamento beauvoiriano[10], a velhice seria um fenômeno a ser ocultado pelas sociedades. Nesta condição, que é ambígua, não se sabe ao certo quando ela se inicia, visto que depende de condições sociais e culturais para ser determinada. Uma das grandes dificuldades em não saber quando a velhice começa e quando termina é justamente a ausência de ritos de passagem. Segundo ela, cada fase da vida humana é marcada por ritos sociorreligiosos que indicam o momento em que o indivíduo se institui socialmente, entretanto, isto não acontece com a velhice.

Refletindo sobre uma das saídas clandestinas de Buda do palácio de sua família, logo no início de *A velhice*, Beauvoir descreve a sur-

---

10. Beauvoir caracteriza como "velha" pessoas com mais de 65 anos, quando o indivíduo geralmente se aposenta nas sociedades industriais.

presa dele ao constatar a aparência deteriorada das pessoas velhas, e afirma: "somos habitados pela nossa futura velhice". Ao mesmo tempo em que somos habitados por ela, como percebera o jovem Buda, por outro lado ela possui uma situação paradoxal, haja vista sua imprevisibilidade. Enquanto condição humana, tanto a morte quanto a velhice são inevitáveis, exceto no caso de abreviação da vida. Em março de 1963, aos 55 anos de idade, Beauvoir escreveu em suas memórias:

> Que vejo? Envelhecer é definir-se e reduzir-se. Debati-me contra os rótulos; mas não pude impedir que os anos me aprisionassem. Habitarei por muito tempo esse cenário onde minha vida se instalou; [...] A morte não é mais, bem ao longe, uma aventura brutal; ela persegue meu sono; desperta, sinto sua sombra entre mim e o mundo; ela já começou. [...] a única coisa ao mesmo tempo nova e importante que me pode acontecer é a desgraça. Ou verei Sartre morrer, ou morrerei antes dele. É terrível não poder estar presente para consolar uma pessoa da dor que lhe causamos por deixá-la; é terrível essa pessoa nos abandonar e calar-se. A não ser na mais provável das possibilidades, um desses dois destinos será o meu. Por vezes desejo acabar logo com tudo, para abreviar essa angústia (BEAUVOIR, 2009b, p. 706-707).

A velhice também é ambígua por ser tanto um fenômeno biológico quanto social. Sua dimensão existencial "modifica a relação do indivíduo com o tempo e, portanto, sua relação com o mundo e com sua própria história". Com o mundo porque o corpo velho e deteriorado é renegado pela sociedade enquanto sujeito ativo e produtivo, e com sua própria história porque a existência que cerca a velhice é limitante; sendo, portanto, inerente à condição humana. "Mas se a velhice, enquanto destino biológico, é uma realidade que transcende a história, não é menos verdade que este destino é vivido de maneira variável segundo o contexto social" (BEAUVOIR, 2018). Beauvoir considera duas perspectivas a respeito da velhice, a primeira delas parte da compreensão exteriorizada desta realidade, e a segunda, a forma como a pessoa velha se relaciona com seu próprio corpo, com a temporalidade e com os outros que a cerca, seu processo de interiorização.

Em *A velhice*, Beauvoir faz uma discussão histórica, antropológica e social sobre o processo de envelhecimento nas sociedades ditas "primitivas", em que processos rudimentares ocupam o espaço das práticas sociais. Nesse tipo comunitário, a tradição oral favorece os velhos, haja vista que são portadores e guardiões da memória. Em sociedades permeadas fundamentalmente pela magia, em que o arsenal simbólico demanda tempo para apreender o conhecimento das coisas sagradas, a velhice confere respeitabilidade aos indivíduos. Entretanto, esta fase da vida não lhes imputa poderes mágicos, apesar de a proximidade da morte lhe trazer – no imaginário social de algumas comunidades – a mesma proximidade ao mundo sobrenatural. A ambivalência, neste caso, consiste no fato de que a longevidade poderia trazer respeito e medo, ou então, admiração pela detenção da tradição essencial para continuidade do coletivo.

Por outro lado, Beauvoir destaca que entre sociedades históricas a compreensão da velhice é complexa. Seria impossível, portanto, construir uma história sobre a velhice, haja vista que "é o sentido que os homens conferem à sua existência, é seu sentido global de valores que define o sentido e o valor da velhice" (BEAUVOIR, 2018). Fato é que, nas sociedades industrializadas, a velhice é desumana, visto que, as formas de envelhecer estão condicionadas à classe social. Velhos miseráveis, empobrecidos e doentes não têm perspectiva de existir de maneira sóbria e despreocupada, neste caso, a velhice é decadente para maioria das pessoas, como observa Beauvoir no contexto da França pós-guerra. Por outro lado, velhos intelectuais, artistas e ricos, enfrentam o envelhecimento de uma forma distinta, pois a classe social na qual se inserem favorece a estabilidade do envelhecimento. Beauvoir não ignora os processos de interiorização pela qual são acometidos os velhos em condições sociais vantajosas, mesmo porque para a categoria de intelectuais, artistas e ricos o envelhecimento defronta um passado vigoroso com os problemas próprios desta fase da vida. Esta distinção da velhice, nestes casos, demonstra o fracasso das sociedades em lidar com o processo de envelhecimento.

A autora problematiza constantemente o inevitável processo de envelhecimento dos indivíduos, que tem um elemento biológico fundamental, mas que tem na sociedade um elemento significativo que colabora no enfrentamento e constatação desse processo no qual inelutavelmente todo ser humano enfrentará. Exceto em casos de suicídio ou morte precoce, todos envelhecerão, a velhice, portanto, seria irreversível e desfavorável. De acordo com Beauvoir, "a passagem do tempo é uma fatalidade". Para isso, ela propõe uma saída:

> Para que a velhice não seja uma irrisória paródia de nossa existência anterior, só há uma solução – é continuar a perseguir fins que deem um sentido

> à nossa vida: dedicação a indivíduos, a coletividades, a causas, trabalho social ou político, intelectual, criador. Contrariamente ao que aconselham os moralistas, é preciso desejar conservar, na última idade, paixões fortes o bastante (BEAUVOIR, 2018).

A busca de sentido é uma proposta de enfrentamento da realidade da velhice. A construção de projetos nos incita à propositura existencial, a consciência de si e dos outros. O pensamento da autora não nega, com isto, a deterioração biológica comum ao processo do envelhecimento. Tanto que faz um levantamento sobre o estado da arte dos estudos gerontológicos desde o século XIX até a sua contemporaneidade. Segundo ela, esses estudos se tornam escassos após as guerras, em virtude do empobrecimento francês.

"O velho, enquanto categoria social, nunca interveio no percurso do mundo". Segundo Beauvoir, ele assumiria o destino de *sub-homem*. Torna-se um objeto, ele é um adulto, mas não como os outros, ele é um adulto inativo. Enquanto nas crianças é ansiado um futuro, concebe-se o velho como improdutivo, possui limitações biológicas, próprias da senescência. Os poetas, os legisladores e os escritores não os citam com frequência como sujeitos, a "história, assim como a literatura passa por eles radicalmente em silêncio" (BEAUVOIR, 2018).

Essa constatação vem graças a uma série de referências levantadas por Beauvoir em meio a busca por essa realidade que é a velhice. Durante o levantamento bibliográfico ela observa "o homem idoso enquanto objeto da ciência, da história, da sociedade" desde a filosofia clássica até a idade média e contemporânea, descrevendo-o em sua exterioridade. Da mesma forma, ela procura entender a interiorização da velhice, situação que ultrapassa a história. A velhice é uma situação da existência, que se realiza na relação com os outros e com o mundo, é, portanto, um destino.

Ainda sobre a compreensão do processo de interiorização da velhice, a autora considera que ela é um problema para os outros, visto que a percepção que temos sobre ela se dá pelos sinais do corpo. O indivíduo é o mesmo do passado, porém com um corpo com as implicações da senescência. Continua-se sendo o que era, entretanto, em um corpo envelhecido. Tornamo-nos um outro em uma mesma existência, o que causa temeridade e adaptações constantes, bem como a tomada de consciência de si. Torna-se difícil, segundo Beauvoir, a adaptação ao processo pungente de irreversibilidade. A velhice nos habita como bem observou Buda na saída de seu palácio. Isto porque "a idade modifica nossa relação com o tempo".

A velhice, segundo Beauvoir deveria ser o auge da existência, entretanto, a irrealização dos projetos, por meio de uma realidade que ela denomina de *prático-inerte*, faz com que essa fase da vida não atinja esse progresso existencial. E mesmo que haja uma quebra dessa condição *prático-inerte*, própria da velhice, há um constante processo de desqualificação do conhecimento do indivíduo velho, haja vista que sua capacidade de adaptação às transformações sociais é irrealizável, principalmente nas sociedades modernas cuja aceleração no campo do conhecimento e das tecnologias são velozes. O que impacta diretamente no mundo do trabalho. No caso de algumas profissões, privilegia-se o acúmulo de conhecimento trazido com a idade, como é o caso de intelectuais, músicos e artistas, que se resistem fisiologicamente ao tempo, o envelhecimento social não os afeta. Entretanto, nas profissões que requerem um grande esforço físico, a deterioração corporal é determinante na continuidade da atividade laboral.

Para a autora, em uma sociedade ideal não haveria a velhice, os indivíduos morreriam sem ver seus corpos degradados e incapacitados, seria "um momento da existência diferente da juventude e da maturidade, mas com seu próprio equilíbrio e deixando aberto ao indivíduo um grande leque de possibilidades" (BEAUVOIR, 2018). Ao mesmo tempo em que reconhece isto como um projeto ideal burguês, inclui a velhice como uma política, haja vista que a improdutividade desse sujeito não gera mais rentabilidade para a sociedade na qual está inserido. Isso posto, Beauvoir considera que a velhice não é desejável, por isso é repugnante, sendo ela, portanto, mais repugnante que a própria morte.

Sétima lição

A concepção de Deus e da religiosidade na perspectiva beauvoiriana

A liberdade em Beauvoir é o princípio fundamental para existir no mundo, mas apesar de situada, como afirma contrariando a noção de "liberdade radical" sartreana, ela é moralmente comprometida. Seu comprometimento se dá em uma perspectiva intersubjetiva em que só posso ser livre de fato se os Outros também o são. Não seria possível ser livre individualmente, pois a liberdade exige uma dimensão coletiva.

Para o existencialismo, portanto, ser livre é comprometer-se. Exige que meus projetos estejam relacionados a outros projetos, e mesmo que fracassem, devem ser superados para que outros projetos surjam. Portanto, para o existencialismo o homem é o único senhor de si, que toma suas decisões, assume suas responsabilidades diante de si e dos Outros. Segundo Beauvoir existir é temporalizar-se, é estar no mundo, mas também querer transcender-se por meio de projetos.

Sobre o bem e o mal, Beauvoir destaca que o homem não é nem um e nem outro, tudo dependerá da forma como usará sua liberdade para agir diante da situação. Todos os atos, portanto, "tem origem na minha subjetividade" (BEAUVOIR, 1965, p. 33). Logo, a moral existencialista é exigente, não acredita na essência humana, mas, em sua existência. O homem, portanto, não é, ele existe! Logo, uma concepção essencialista de sua realidade não daria conta de todas as possibilidades e situações que pode escolher enfrentar, ele vai se fazendo no decorrer de sua existência, se tornando.

Sobre sua compreensão pessoal de Deus, Beauvoir afirma: "Deus morreu quando eu tinha quatorze anos, nada o substituiu: o absoluto só existia em negativo, como um horizonte perdido para sempre" (BEAUVOIR, 2009b, p. 61). Sobre essas questões, mais particularmente o que ela chama de ateísmo, aparece com maior intensidade em sua obra *Balanço final,* publicada em 1972, quando afirma que reconheceu não mais acreditar em Deus, a partir do momento que se libertara de determinados *tabus* (BEAUVOIR, 2021, p. 23). Relembrando sua relação com a religião, afirma que seu distanciamento está condicionado, principalmente, pela característica crítica que possuía, jamais aceitaria reproduzir constantemente algo sem poder criticar,

> Na medida em que não acredito no além, sinto-me autorizada a procurar fatores sociais ou psicológicos que motivam a atitude dos católicos praticantes. De um modo geral, apenas reproduzem a que lhes foi inculcada por sua educação e que seu meio observa... Frequentemente a fé é um acessório que se recebe na infância com o conjunto da panóplia burguesa e que se conserva, como o resto, sem questionar. Quando surge uma dúvida, muitas vezes é afastada por razões afetivas: fidelidade nostálgica ao passado, vinculação a seu ambiente, medo da solidão e do exílio que ameaçam os não conformistas (BEAUVOIR, 2021, p. 492-493).

Ao se libertar da crença herdada de sua família, a católica, Beauvoir sente-se livre para olhar as práticas religiosas a partir dos fenômenos sociais e psicológicos. Ela não recusa a religião enquanto objeto de estudo e observação, mas reconhece que ela é um meio muito eficaz de socialização. Como parte afetiva imbrincada à família e a sociedade, a religião não deveria ser jamais questionada. Beauvoir, portanto, escolhera a liberdade de pensar e distanciou-se de qualquer absolutismo, mesmo o religioso. Apesar de estar ligada por muito tempo à religião – por meio de sua família e posteriormente, o Curso Désir – optou por sua liberdade, por sua existência.

Por isto, a concepção de Deus seria uma recusa da existência, em virtude de sua imutabilidade e recusa da liberdade. Ao publicar um de seus primeiros ensaios em 1944, *Pyrrhus et Cinéas*, ou seja, no ambiente da Segunda Guerra Mundial e da ocupação nazista na França, Beauvoir dentre tantas outras reflexões privilegia a discussão sobre Deus e o agir humano. Os homens implicam em Deus seus projetos, com objetivo de justificar suas ações, independentemente dos fins. Deus é a finalidade absoluta, sua vontade é soberana, logo, legítima para qualquer atitude humana. Deus é pleno e infinito, portanto, não haveria distância entre projetar e realizar. Dada sua plenitude ele sempre é, e "sua vontade é apenas o fundamento móvel do ser" (BEAUVOIR, 2005, p. 151).

A própria noção de vontade deveria ser repensada, no sentido de que Ele é universal, eterno e imutável. Segundo Beauvoir, o universal é silêncio, porque não reivindica nada, não promete nada, não exige nenhum sacrifício, não distribui castigo ou recompensa, não pode justificar nada nem nada condenar, sobre ele não poderia se fundar nem otimismo nem desespero: "ele **é**, nada mais se pode dizer dele" (BEAUVOIR, 2005, p. 151).

Ou seja, sua totalidade e absolutismo de ser não daria espaço ao humano, à sua transcendência, visto que não haveria espaço para fundar-se. Deus já é absolutamente tudo, ele é! O grande "Eu sou o que sou" da tradição deuteronomista do Antigo Testamento, que por meio de sua impessoalidade, plenamente era! Segundo Beauvoir, "o homem não poderia se transcender em Deus se Deus é inteiramente dado", o homem, seria, portanto, um acaso do ser (BEAUVOIR, 2005, p. 151).

Esse ser absoluto, o Deus que é, fora construído para aniquilar o ser e não para dar sentido à sua existência. Porque esse Deus impessoal tem em sua totalidade o controle e o domínio de qualquer projeto e possibilidade, logo, não há espaço para transcender. Estamos fadados à inércia e a contemplação etérea. Tudo está pronto e acabado, determinado e concluído, assim como todas as coisas projetadas. O destino incondicional do homem está dado e encerrado nos acontecimentos predestinados.

De acordo com Beauvoir, o naturalismo católico afirma que Deus é bom e tudo vem dele, todas as coisas são, portanto, boas e perfeitas (BEAUVOIR, 2005, p. 152). Entretanto, "se a obra inteira de Deus é boa, é porque ela inteira é útil para a salvação do homem, ela não é, pois, em si um fim, mas um meio que tira sua justificação do uso que dele fazemos". Para o cristão, deve-se recusar o naturalismo para viver conforme a vontade de Deus, por meio da virtude dos sujeitos às exigências divinas, o homem existiria, portanto, para realizar suas vontades e desejos. "A vontade de Deus aparece então como um apelo à liberdade do homem, ela reivindica algo que tem que ser, que ainda não é: ela é, portanto, projeto, ela é transcendência de um ser que tem que ser, que não é" (BEAUVOIR, 2005, p. 153).

"Então uma relação entre Deus e o homem é concebível, na medida em que Deus não é tudo o que tem que ser, o homem pode fundá-lo; ele reencontra seu lugar no mundo, ele está em situação em relação a Deus: e eis que Deus aparece então em situação em relação ao homem" (BEAUVOIR, 2005, p. 151). O homem pode escolher sua existência a partir de um projeto transcendente divino, apesar de o existencialismo considerar que tudo que tem potencial de confinar minha liberdade é suspeito. Pois é sabido que as ideias religiosas têm a capacidade de aniquilar liberdades em detrimento de uma realidade maior, que não necessariamente é a vontade de um ser divino sobre os homens, mas, de homens sobre homens. Dependendo da relação situacional estabelecida entre o humano e o divino, o homem pode ser confinado à imanência, perdendo, assim, sua capacidade de ser no mundo, pois subjugou sua liberdade a decisão alheia, mesma que esta decisão seja nomeada de Deus.

Para Beauvoir seria ingênuo tentar ouvir a voz de Deus, pois ele se manifestaria apenas em representação humana. A sociedade cria Deus a partir de seu modelo, os signos construídos a respeito das divindades são terrenos e não divinos. Deus se faz ouvir pela boca dos homens, para seus próprios empreendimentos humanos. Isso posto, Beauvoir afirma que é preciso voltar para a realidade humana, encontrando aqui esse fim absoluto que se buscou olhando para o céu. De acordo com o existencialismo beauvoiriano, a humanidade

> Não está jamais acabada, projeta-se incessantemente no futuro, é uma perpétua superação de si mesmo, dela incessantemente emana um apelo ao qual é preciso responder, nela incessantemente se cava um vazio que é preciso preencher: por meio de cada homem, a humanidade busca indefinidamente reunir-se a seu ser, e é nisso que consiste seu próprio ser (BEAUVOIR, 2005, p. 156-157).

Se a humanidade incessantemente projeta-se para o futuro, busca superar-se constantemente, como então um elemento absoluto, imutável, soberano poderia interferir na minha existência? Se a humanidade estivesse predestinada a cumprir os desígnios prontos de um único ser, qual seria minha relação com os Outros? Certamente seria mecanicamente preestabelecida, haja vista que tudo é, tudo está pronto, tudo está dado! O existencialismo aposta na liberdade humana porque ela é comprometida com a escolha individual e coletiva, porque as intersubjetividades dialogam, porque sou responsável pelas escolhas que faço ao usar minha liberdade. A humanidade, portanto, está em constante processo de fazimento, como afirma Beauvoir "não está jamais acabada", isto é existir!

As percepções beauvoirianas sobre Deus partem de uma premissa fundamental da existência que é a liberdade. Em um contexto de guerra e ocupação nazista na França, é comum e pertinente os problemas levantados por Beauvoir, pois se Deus é por que pessoas são fuziladas pelos nazistas? Porque a noção de bem e mal não são metafísicas, mas escolhas humanas! Neste sentido, verifica-se a importância da discussão sobre Deus no existencialismo, mesmo que breve nos lança luz sobre a realidade sociocultural experimentada por Beauvoir na primeira metade do século XX.

Outrossim, é interessante observar o discurso beauvoiriano sobre Deus na década de 1940, assim como acabamos de expor, e suas percepções sobre a religiosidade apresentadas em suas memórias vinte anos mais tarde, em 1963, por ocasião de sua visita ao Brasil. Percebe-se uma escrita diferenciada tanto na perspectiva do método quanto da análise do objeto. Vinte anos se passaram da guerra às memórias, e Beauvoir parece ter assumido uma nova percepção sobre a realidade da religião. Minha tese é de que o método utilizado para refletir sobre Deus na década de 1940, em *Pyrrhus et Cinéas*, se constitui a partir da análise da filosofia existencialista, em um contexto severamente comprometido pelo horror da guerra e do sistema nazifascista instalado na França. Por outro lado, em *A força das coisas*, memória escrita em 1963, Beauvoir faz observações acerca da religiosidade que nos revela uma percepção muito apurada de experiências vividas nas religiões, o que nos encaminha para a tese de que o método utilizado para tal observação seja o fenomenológico, como observaremos a seguir:

> Os ritos africanos nagôs são ali perpetuados, dissimulados por prudência por trás da liturgia católica, até difundir-se

com ela, à maneira do vodu haitiano, numa religião sincrética, o candomblé. É um conjunto complexo de crenças e de práticas, que comporta numerosas variantes, uma vez que os candomblés não estão hierarquizados em igrejas. O livro de Roger Bastide, *Les Religions africaines au Brésil*, acabava de ser publicado, e eu o li. Existe um Deus supremo, pai do Céu e da Terra, cercado de espíritos – os orixás – que correspondem a alguns dos nossos santos; Oxalá está próximo de Jesus, Iemanjá da Virgem Maria, Ogum de São Jorge, Xangô de São Jerônimo, Omolu de são Lázaro. Exu, mais semelhantemente ao antigo Hermes do que ao nosso demônio, serve de intermediário travesso entre os homens e os "encantados". Estes residem na África, mas seu poder se estende até muito longe. Todo indivíduo pertence a um orixá (os sacerdotes lhe revelam seu nome) que o protege se ele lhe faz as oferendas e os sacrifícios exigidos. Certos privilegiados que se submeteram aos ritos bastante longos e complicados da iniciação são chamados a servir de "cavalo" ao seu deus: fazem com que este baixe em seus corpos por meio de cerimônias que são – como para os católicos a descida de Deus na hóstia – momento culminante do candomblé (BEAUVOIR, 2009, p. 561).

Beauvoir analisa a relação sincrética existente entre o candomblé e o Catolicismo brasileiros. Segundo ela, o candomblé apresenta uma complexidade enquanto sistema de crenças, não hierarquizado em templos como o Catolicismo. Como acabara de ler Bastide, sobre as religiões africanas no Brasil, possuía alguma familiaridade para observar os ritos. Dentre as observações, destaca-se a analogia que faz entre Hermes e Exú, com objetivo de descartar qualquer similaridade ao demônio. Assertivamente observa que neste contexto religioso cada indivíduo pertence a um orixá, que mantém entre si uma relação muito próxima pela troca de oferendas e sacrifícios, relação esta permeada pela instituição de ritos iniciáticos demorados e exigentes.

As brilhantes e detalhadas informações trazidas por Beauvoir, para compreensão do candomblé da Bahia, demonstram suas percepções isentas de seu ateísmo pessoal, mas abertas à compreensão da religião a partir da perspectiva fenomenológica. Ao retratar a tomada dos corpos dos indivíduos como cavalos, por seus orixás, durante as longas cerimônias religiosas, ela reconhece o corpo como o lugar da experiência religiosa, a incorporação seria, portanto, o auge da cerimônia para o candomblé e alguns "privilegiados". Ainda sobre a sua percepção sobre esta religião afirma:

> O candomblé, se não transforma os seres humanos em deuses, ao menos, por meio da cumplicidade de espíritos imaginários, restitui a humanidade a homens rebaixados a categoria de rebanho. O catolicismo lança os pobres de joelhos diante de Deus e de seus sacerdotes. Pelo candomblé, ao contrário, eles experimentam essa soberania que todo homem deveria poder reivindicar (BEAUVOIR, 2009, p. 564).

A importância fenomenológica do candomblé para Beauvoir consiste no fato de que apesar de os indivíduos não se tornarem divinos, tornam-se restituídos de sua humanidade. Diante de uma situação de opressão de classe e raça, experimentam a religiosidade em seus corpos cedidos aos orixás. Diferentemente do Catolicismo que subjuga os oprimidos diante de Deus e de seus sacerdotes. Ao analisar a situação da mulher no candomblé, Beauvoir considera que "no momento de sua vida individual – quando, de vendedora de bolos ou de lavadora de pratos, ela se transforma em Ogum ou em Iemanjá – é também aquele em que a filha-de-santo se integra mais estreitamente em sua comunidade" (BEAUVOIR, 2009, p. 564); ou seja, o corpo negro, pobre, feminino, oprimido, transforma-se em um corpo poderoso ao receber seu orixá, além disto integra a existência dessa mulher excluída socialmente em sua comunidade de fé. A religiosidade trazida com o candomblé, portanto, expressa no corpo seus ganhos simbólicos capazes de elevar uma lavadeira à condição de divindade. Beauvoir por um momento queria explicações sobre o êxtase, enfim chegou à conclusão de que nada tinha de patológico e/ou mentiroso, na verdade provinha de uma ordem cultural.

Nesse sentido, Beauvoir apresenta uma perspectiva existencialista ao refletir sobre Deus em *Pirro e Cinéias*, ao passo que em suas memórias nos traz observações sobre a religiosidade no Brasil, a partir de uma perspectiva fenomenológica na compreensão do candomblé. Vinte anos distanciam essas duas obras, e talvez o que tenha transformado as percepções sobre Deus e a religiosidade em Beauvoir não seja o tempo, mas a escolha pelos métodos compreensivos de observação da realidade. Sua preocupação primeira era por um Deus que cerceasse a liberdade humana, fincando o humano na vontade alheia; sua observação segunda, sobre a religiosidade observada, vislumbrou corpos oprimidos que em detrimento de sua religião, incluíram-se na categoria de semideuses.

Oitava lição

Entre a natureza, a cultura e o destino feminino

Apesar da crítica estabelecida por Beauvoir na discussão relacional entre natureza e cultura, sua análise não desconsidera a fatídica constatação da pertença natural dos homens nesse mundo. Suas críticas surgem a partir da utilização desse elemento – a natureza – enquanto estruturador das diferenças observadas entre os indivíduos.

A sobreposição do natural sobre o cultural, no mesmo sentido o cultural sobre o natural, constitui-se em um problema existencial. O humano se constitui – dentre tantas outras formas – pela natureza e pela cultura. O equívoco compreensivo estaria, portanto, na tentativa de supervalorização de um elemento sobre o outro. A questão não estaria, dessa maneira, em definir a supremacia da cultura sobre a natureza, isto porque em se tratando de uma reflexão existencialista sobre a humanidade, ambas são relacionais frente às realidades observáveis.

Beauvoir observa que a humanidade se constitui em um constante processo de *vir a ser*. Nesse sentido, o imperativo biológico não teria capacidade de – sozinho – determinar as atitudes humanas. A complexidade da natureza humana consiste no fato de que ela não busca, enquanto projeto, simplesmente a manutenção da espécie e/ou sua estagnação, mas busca constantemente superar-se! (BEAUVOIR, 2019a, p. 97).

Segundo a autora, "os indivíduos nunca são abandonados à sua natureza; obedecem a essa segunda natureza que é o costume e na qual se refletem os desejos e os temores que traduzem sua atitude ontológica" (BEAUVOIR, 2019a, p. 64). A cultura seria, portanto, extensiva e/ou complementar à natureza humana, sendo que esta circunstância coloca o humano em situação privilegiada frente às outras espécies.

Em *O segundo sexo*, a autora estabelece uma discussão deveras profícua sobre a influência das teorias naturalistas, psicanalíticas e materialistas sobre o destino humano, mais especificamente o destino da "fêmea humana". A respeito dessas discussões, Beauvoir analisa as teorias em voga no período em que escreveu a obra (1949), concluindo que elas foram importantes para as discussões modernas e questionamento de mitos fundantes utilizados pelas religiões, entretanto, também foram responsáveis por uma série de equívocos compreensivos sobre a realidade humana. Tais ideias, apesar de muitas delas ultrapassadas e refutadas ainda continuam preocupando a autora de *O segundo sexo*, visto que se impõem como estruturas de pensamento e conhecimento que afetam diretamente a existência dos sujeitos.

A despeito disto, Beauvoir (2019a, p. 62) menciona as ideias biologicistas que comparavam o comportamento humano ao animal; dentre tantas outras arbitrariedades como a comparação do peso da massa encefálica de homens e mulheres, com objetivo de exaltar um maior desenvolvimento da inteligência como elemento inerente ao "humano macho", comprovadamente pelo maior peso encefálico do homem. A tais "dissertações que misturam um vago naturalismo a uma ética ou uma estética ainda mais vagas são puro devaneio" (BEAUVOIR, 2019a, p. 62), a autora os considera arbitrários, pois na tentativa de produção do conhecimento sobre a biologia, buscam elementos para reiterar a diferença entre os sexos e acabam reiterando problemas etéreos já constituídos anteriormente em outros processos de conhecimento como o mítico.

A ideia psicobiológica que se apresenta sobre a realidade do homem, reiterada por processos pseudocientíficos na produção do conhecimento, contribuem para a noção de um "paralelismo psicofisiológico" que é definitivamente refutado enquanto compreensão da realidade humana. De acordo com Beauvoir, só seria possível compreender a existência por meio de um conjunto de fatores econômicos, sociais e psicológicos e não exclusivamente pelo determinismo biológico, que por sua vez pode estar relacionado à realidade de existir. Na compreensão beauvoiriana, "os dados biológicos revestem os que o existente lhe confere", ou seja, não é a força muscular masculina que confere ao homem o domínio sobre o feminino, mas uma estrutura de poder que atribui à diferença da força entre os sexos um elemento determinante do domínio masculino sobre o feminino.

Apesar de reconhecer a contribuição trazida por algumas formulações teóricas de sua época, e que contribuíram para a história do pensamento moderno, Beauvoir faz grandes ressalvas a abordagem totalizadora que trazem sobre a humanidade. Destaca-se entre elas a teoria do materialismo histórico, que segundo ela foi singularmente significativa ao inserir historicamente o humano; ou seja, se outrora a realidade humana destinava-se a um projeto divino e biologicamente determinado, agora a humanidade passa a ser compreendida a partir de sua dimensão histórica, que por sua vez é influenciada e dimensionada a partir da geografia, do tempo e da cultura. A percepção histórica do homem, portanto, contrariou e desafiou assim sob óptica beauvoiriana, a ideia de que a realidade humana era guiada exclusivamente por uma instituição natural, a "segunda pele" ou a "segunda natureza" distinguiu o homem das demais espécies viventes, e, portanto, não regido unicamente pelas leis deterministas das Ciências Biológicas.

Na perspectiva beauvoiriana, o ser humano nasce incompleto, pois far-se-á no decorrer de sua existência. Esta aparente obviedade precisou ser reiteradamente reafirmada durante a história das diferenças sociais, haja vista que foi um instrumento efetivo de legitimação para dominação. Ele, o ser humano, diante da ausência de sua segunda natureza, demonstra seu estado de incompletude, o que segundo Beauvoir demonstra uma de suas características mais marcantes, visto que precisa continuamente "fazer-se", a partir das influências sociais, políticas e culturais. Isto confirma sua tese de que "a humanidade não é uma espécie animal [exclusivamente]: é uma realidade histórica", ou seja, a humanidade não está disposta exclusivamente à natureza, sob suas regras e leis. Apesar de influenciada pela natureza não se prosta a ela, e tenta constantemente controlá-la e modificá-la.

Apesar da evidente influência da natureza sobre o homem, a imposição de seus postulados não a caracteriza como soberana frente a humanidade. Por isso, Beauvoir refuta as falácias contraditórias de que a mulher estaria naturalmente em uma condição de inferioridade em virtude de seu organismo sexual assim como de sua singularidade reprodutora, visto que a "consciência de si" não perpassa exclusivamente pela sexualidade feminina. A sexualidade e a reprodução seriam uma das muitas possibilidades na constituição de sua existência, e não a única (BEAUVOIR, 2019a, p. 83).

Ainda sobre o materialismo histórico, reitera a autora, é inegável sua contribuição, pois tem a capacidade de contextualizar a condição da mulher bem como clarificar os processos subalternizados da existência feminina e de tantos outros grupos nas mesmas condições, por meio de complexos processos históricos, e não pela condição – exclusivamente – biológica da realidade dos indivíduos. O grande entrave na tentativa de desconstruir os parâmetros naturalizados pelos paradigmas biologicistas consiste no fato de que a "condição natural desafia qualquer mudança" (BEAUVOIR, 2019a, p. 15), haja vista que carrega consigo um estigma de originalmente instituído. Não é por acaso que alguns mitos encontram no determinismo biológico instrumentos legítimos para estruturação de realidades socioculturais.

Esta pertinente discussão trazida em *O segundo sexo* é uma tentativa de sua autora, no fim da primeira metade do século XX, de observar que o destino feminino pouco ou nada tem a ver com a diminuída composição muscular da mulher em relação ao homem; e/ou a reduzida quantidade de massa encefálica da mulher coadunada com uma inteligência inferiorizada[11]. O que Beauvoir tenta demonstrar é a tolice, à beira da obscura falta de sentido, de determinar as diferentes realidades humanas a partir de pressupostos estanques biológicos, e que eles contribuiriam significativamente para um entendimento integral da realidade.

É evidente a diferença entre homens e mulheres, afirma a autora, elas existem! Mas, o que não é tão evidente assim foi o destino relegado

---

11. Tal-qualmente, esses pressupostos essencialistas que são responsáveis pelo processo de secundarização da condição feminina, em detrimento de suas características biológicas, também são responsáveis por enquadrar o homem em uma situação desconfortável, haja vista a diversidade de homens que compõem os grupos socioculturais.

às mulheres à condição de inferioridade. A legitimação pela biologia descreve as diferenças, mas, não as explica. Apesar da tentativa de legitimação dos lugares distintos entre homens e mulheres, nem a psicologia e nem a biologia dão conta de explicar a secundarização da mulher em detrimento de seus pressupostos. Com base na problematização beauvoiriana perguntas surgem: "Por que a mulher é o outro? Como a natureza foi nela revista através da história? E, por fim, o que a humanidade fez da fêmea humana?" (BEAUVOIR, 2019a, p. 65).

Nona lição

Corpo e existência em Beauvoir: A condição feminina

Experiencio, logo, existo! Em Beauvoir, o corpo é base para o ser. De acordo com Suzanne Laba Cataldi, o corpo é a base da personificação para "se tornar mulher" (CATALDI, 2001), logo, o diferencial fenomenológico de Beauvoir não estaria apenas na inclusão do corpo para compreensão da realidade, mas o corpo feminino, em que as experiências de personificação se dão de formas diferentes em relação ao homem. O corpo observado por Beauvoir parte de uma premissa de gênero, e de situações políticas, econômicas e sociais imputados sobre este corpo que é uma realidade no mundo. "Não é enquanto corpo, é enquanto corpos submetidos a *tabus*, leis, que o sujeito toma consciência de si mesmo e se realiza: é em nome de certos valores que ele se valoriza. E, diga-se mais uma vez, não é a fisiologia que pode criar valores" (BEAUVOIR, 2019a, p. 64).

Cataldi (2001, p. 87) destaca que ao revisar a *Phénoménologie de la perception de Maurice Merleau-Ponty* [12], Beauvoir concorda com suas ideias, principalmente no tocante ao corpo como não objeto no mundo. Posteriormente, essas concordâncias são mais bem aprofundadas por ela em o *"O segundo sexo"*, quando analisa o corpo e a sua relação com um *vir-a-ser* no mundo. Em uma resenha para a *Les Temps Modernes*, intitulada *La phénoménologie de la perception de Maurice Merleau-Ponty*, Beauvoir (1945, p. 363-367) destaca que o mérito de sua obra consiste no fato de privilegiar a condição

---

12. Faz-se necessário destacar que a discussão que trazemos sobre os distanciamentos e as aproximações entre Merleau-Ponty e Simone de Beauvoir não têm o intuito de compreender seu sistema de pensamento fenomenológico existencialista como oriundo do pensamento de Merleau-Ponty. Como já discutido, ambos fazem parte do mesmo ambiente político, artístico, social, cultura e acadêmico onde essas ideias circulavam na Europa, mais especificamente na França Pós-Guerra. O intuito da discussão comparativa é demonstrar que não havia um consenso sobre o pensamento fenomenológico existencial, e a importância deste contrassenso é justamente o que nos interessa discutir: a compreensão do corpo em Beauvoir, destaca-se pela sua análise a partir do existir, do *vir-a-ser*, a partir da realidade das mulheres.

humana e seu acesso ao mundo por meio do corpo, sua fenomenologia, portanto, traria compreensão da realidade vivida, tanto pela existência como pela coexistência.[13]

A fenomenologia beauvoiriana sobre a compreensão do corpo consiste no fato de que Merleau-Ponty "pensa no corpo-sujeito perceptivo como diretamente e normalmente conectado ao mundo", ou seja, o homem "encara o corpo como uma relação direta e normal com o mundo, que acredita apreender na sua objetividade, ao passo que considera o corpo da mulher sobrecarregado por tudo o que o especifica: um obstáculo, uma prisão" (BEAUVOIR, 2019a, p. 12). Destaca-se que para Beauvoir essa relação não se dá de forma tão simples com as mulheres, haja vista que as representações da realidade sociocultural são imputadas diferentemente de acordo com o corpo que se nasce, logo, as percepções também se diferem (CATALDI, 2001). Não é à toa que no corpo feminino se verifica inúmeros processos histórico-culturais que limitam e controlam suas capacidades, como no caso das vestimentas femininas do tipo espartilho e o calçado das mulheres chinesas, fato que Beauvoir muito bem

---

13. O texto fora traduzido para a Língua Portuguesa (MOTTA, 2021, p. 212-231).

observou e descreveu em "*A longa marcha*", obra oriunda sobre suas percepções quando visitou a China na segunda metade do século XX (BEAUVOIR, 1963).

Dentre as inúmeras e fundamentais análises comparativas feitas por Cataldi, em *The body as a basis for being: Simone de Beauvoir and Maurice Merleau-Ponty*, uma delas se destaca e trago para a arena de discussão, a de que Beauvoir considerara relevante a noção de deficiência corporal, abordada por Merleau-Ponty, como relevante à discussão sobre a percepção. Porém, o método beauvoiriano para compreensão da deficiência estaria ligado à opressão, a "corpos desfavorecidos",

> Ou seja, podemos interpretar Beauvoir como empregando estrategicamente um método análogo ao de Merleau-Ponty e como visando em seu emprego no mesmo tipo de extremidade, ou seja, algum relato de experiência corporal normal (humana/ambígua). A diferença entre eles é que os corpos que Beauvoir examina não estão fisicamente ou neurofisiologicamente prejudicados, assim como muitos dos corpos que Merleau-Ponty examina. Em vez disso, a fenomenologia de Beauvoir de experiências, percepções e possibilidades femininas estabelece

> um relato complexo e estudioso de corpos desfavorecidos – de corpos cujas "deficiências" ou "patologias" são atribuíveis mais à situação das mulheres, ao nosso desempoderamento social e histórico, do que às nossas biologias (CADALDI, 2001, p. 89).

O corpo deficiente observado por Beauvoir não tem limitações nem físicas e nem neurofisiológicas, nesta perspectiva seria normal, entretanto, seu desfavorecimento se dá em termos simbólicos, imputados por processos socioculturais deformantes sobre o corpo das mulheres. São "corpos desfavorecidos" no sentido de que suas imputações patológicas estão condicionadas à situação das mulheres. Nada teria a ver com a constituição biológica, mas com sua expropriação histórica. Logo, seu método fenomenológico existencial para compreensão dos corpos é fundamental para compreender a opressão das mulheres.

O argumento de Cataldi, sobre a compreensão fenomenológica de Beauvoir, tem dois elementos fundamentais: o primeiro deles é que sua fenomenologia da percepção incluíra gênero como método de análise, e o segundo, de que sua análise sobre a experiência do corpo seria mais capaz de compreender o "corpo por trás do corpo" (CATALDI, 2001, p. 106). Se o primeiro tipo contribuiria para compreensão da situação feminina, o segundo, por sua vez, faria com que Beauvoir refletisse sobre a finitude, o tempo, a velhice e a morte! Para Beauvoir, "crescer, amadurecer, envelhecer, morrer: a passagem do tempo é uma fatalidade" (BEAUVOIR, 2018, p. 10553), a velhice, portanto, só não é uma realidade para aqueles que morrem cedo ou se suicidam, entretanto, a morte, segundo ela, é uma realidade que todos passarão. "Há, na morte, um elemento que transcende a História ao destruir nosso organismo, ela aniquila nosso ser no mundo" (BEAUVOIR, 2020). Motta também considera, assim como Cataldi, que "Simone de Beauvoir contribui originalmente a uma filosofia independente, que tem como ponto-chave a questão de gênero para o terreno especulativo de seu respectivo existencialismo, pensando as questões de seu tempo e de sua própria época" (MOTTA, 2020, p. 220).

A morte, a velhice, a doença, só existem no mundo simbólico, são ideias, entretanto, quando são incorporadas aos corpos, tornam-se realidades. A existência é permeada por estas realidades que fazem parte do humano. A forma como cada um perceberá tais fenômenos, dependerá de seu contexto sociocultural. Outrossim, tais percepções também podem ser permeadas pelas diferenças de gênero, visto que o corpo com o qual se nasce e se percebe no mundo é o corpo que se imputará as representações sociais de sexo. "O corpo da mulher é um dos elementos essenciais da situação que ela ocupa neste mundo. Mas não é ele tampouco que basta para definir. Ele só tem realidade vivida enquanto assumido pela consciência por meio das ações e no seio de uma sociedade" (BEAUVOIR, 2019a, p. 65).

Em sua viagem ao Brasil, Beauvoir observa e descreve os corpos com uma riqueza de detalhes, mas não são os corpos biológicos que lhe interessa, mas as implicações fenomenológicas que assumem. Suas observações sobre o candomblé da Bahia nos informam que o auge das cerimônias desta religião acontece quando os orixás "montam" os corpos de seus cavalos (sujeitos religiosos), o que Beauvoir designa como "o momento culminante do candomblé". Ela também retrata ao seu leitor que antes desses corpos serem tomados por seus orixás, eles passam por processos iniciáticos demorados, com objetivo de preparar esse corpo para o ritual. Beauvoir destaca que sobre aqueles corpos, também se somavam os adereços, usados durante as cerimônias (BEAUVOIR, 2009b, p. 561-562).

Durante suas observações cerimoniais, Beauvoir também percebe os transes que se dão através dos corpos, ou seja, os corpos são esvaziados de sua consciência humana e preenchido pela totalidade divina do orixá, pelo menos naquele momento ritual. Relata que esses corpos aparentam ser incontroláveis durante o transe, porém, destaca que no ambiente ritual, são domesticados pelos líderes religiosos por meio de abraços apertados. Em uma das cerimônias Beauvoir relata que fizera a pergunta clássica a Vivaldo e Pierre Verger: "Como se explicam esses transes?", na verdade, queria saber como esses corpos se transformavam por meio da religião. Reconhecera que classificá-los, única e exclusivamente, como corpos doentes e embriagados não responderia ao fenômeno que observara.

Apesar de o corpo religioso não ter sido objeto central de suas reflexões, o corpo feminino fora. Uma das primeiras impressões que Beauvoir tem ao desembarcar no Brasil, em 1960, é de que quem a recepcionara eram mulheres de braços "nus", visto que a roupa que aparamenta os corpos diz muito sobre a cultura e a sociedade. Do mesmo modo, ao chegar a Bahia, observa que a maioria dos corpos que avistara eram de homens e mulheres pretos, em detrimento do processo de escravidão brasileiro. O corpo, portanto, em uma perspectiva fenomenológica, é a base para a personificação, logo, para o ser.

Décima lição

"O segundo sexo" de *O segundo sexo*: Perspectivas teóricas

A conclusão que chega Simone de Beauvoir ao escrever *O segundo sexo* é de que não há igualdade nas relações sociais entre homens e mulheres! Esta constatação se dá por meio de uma comprometida revisão histórica, pela sistematização do conhecimento biológico e psicanalítico, bem como pela percepção da realidade social de sua época. A mulher na sociedade sempre está em relação ao homem, não em reciprocidade, mas em condição secundarizante. Mas, para Beauvoir (2019a, p. 62), a mulher não seria uma "realidade imóvel, e sim *um vir-a-ser*", neste sentido, se pergunta, provocando seu leitor, em que momento essa existência passa a ser o Outro. Beauvoir não deixa de reconhecer a importância do elemento biológico, ele está dado, entretanto, não deveria ser determinante para organizar e dicotomizar a sociedade em dois mundos distintos: o feminino e o masculino.

De acordo com Beauvoir, "nenhum destino biológico, psíquico, econômico define a forma como a fêmea humana assume no seio da sociedade; é o conjunto da civilização que elabora esse produto intermediário entre o macho e o castrado, que qualificam de feminino" (BEAUVOIR, 2019b, p. 11). Da mesma forma, nenhum destino fisiológico impõe uma relação hostil entre homens e mulheres, logo, a rivalidade entre os sexos não se justifica, nem mesmo na sexualidade. Fato é que confinaram a mulher na imanência, inferiorizando-a, portanto, sua luta não seria contra o homem, mas contra aquilo que lhe impuseram como destino, impedindo-a de transcender. Isso posto, a noção de mulher é produzida na coletividade, pela civilização, não é definida nem por seus hormônios e nem por sua capacidade reprodutora (BEAUVOIR, 2019b, p. 550).

Na primeira parte de *O segundo sexo*, a autora problematiza a impossibilidade de um homem escrever um livro como este, sobre a sua situação no mundo, haja vista que a forma como ele o experiencia é natural. O lugar que ocupa na sociedade é um lugar comum à humanidade. O homem seria o humano absoluto, universal, enquanto a mulher, o Outro. Nas palavras de Simone de Beauvoir, "a mulher determina-se e diferencia-se em relação ao homem, e não este em relação a ela; a fêmea é o inessencial perante o essencial. O homem é o Sujeito, o Absoluto; ela é o Outro" (BEAUVOIR, 2019b, p. 12-13). Logo, a igualdade de gênero pressupõe que homens e mulheres se reconheçam enquanto semelhantes, e não apenas que a mulher seja confinada a categoria de "objeto paradoxalmente dotado de subjetividade", visto que isto não lhe imputa a dimensão de sujeito social (BEAUVOIR, 2019b, p. 544).

Esse absolutismo masculino conduz o homem à essencialidade de existir, enquanto o Outro, neste caso a mulher, torna-se inessencial de acordo com Beauvoir, que constata: ele pretende afirmar-se como essencial e fazer do outro o inessencial, o objeto (BEAUVOIR, 2019b, p. 14). A ideia de objeto desenvolvida na filosofia existencialista de Beauvoir, relaciona-se com a noção de liberdade. Não há liberdade se não houver o Outro livre, quando o Outro tem sua liberdade subjugada e confinada à imanência, torna-se objeto.

> O que define de maneira singular a situação da mulher é, que sendo, como todo ser humano, uma liberdade

> autônoma, descobre-se e escolhe-se num mundo em que o homem lhe impõe a condição do Outro. Pretende-se torná-la objeto, votá-la à imanência, porquanto sua transcendência será prematuramente transcendida por outra consciência essencial e soberana (BEAUVOIR, 2019b, p. 26).

A situação da mulher, diferentemente de Outros oprimidos como o escravo, o negro, e o judeu, é que ela se percebe livre, ou seja, ela é convencida de que é livre e ocupa os mesmos lugares que os homens, mas, na verdade, é uma liberdade intermediada pelas imposições sociais que dita os lugares que ela deve ou não estar/ocupar. Como bem afirma a autora, é uma liberdade autorizada e consentida. Ele, o homem, pode até liberá-la, entretanto, com má vontade, desde que continue em seu lugar soberano: "o fato é que os homens encontram em sua companheira mais cumplicidade do que em geral o opressor encontra no oprimido; e disso tiram autoridade para declarar com má-fé que ela quis o destino que lhe impuseram" (BEAUVOIR, 2019b, p. 546). E, "quando um indivíduo ou um grupo de indivíduos é mantido numa situação de inferioridade, ele *é* de fato inferior" (BEAUVOIR, 2019a, p. 21. Grifo nosso).

Em *O segundo sexo*, Beauvoir traz uma reflexão muito pertinente sobre as relações sociais de sexo. Segundo ela, a forma de opressão feminina é muito sutil, haja vista que suas forças são simbolicamente impostas, elas só têm aquilo que lhes é consentido enquanto direito, nada foi tomado. É um laço de opressão incomparável a nenhum outro historicamente situado, esse fenômeno se dá pelo fato de que as mulheres:

> Vivem dispersas entre os homens, ligadas pelo *habitat*, pelo trabalho, pelos interesses econômicos, pela condição social a certos homens – pai ou marido – mais estreitamente do que as outras mulheres. Burguesas são solidárias dos burgueses e não das mulheres proletárias; brancas, dos homens brancos e não das mulheres negras (BEAUVOIR, 2019a, p. 16).

É no "*habitat natural*" que as mulheres se sentem iguais. No espaço privado, elas educam os filhos, cuidam dos afazeres domésticos e desde que sejam exemplos de moralidade, são respeitosamente aceitas nos espaços públicos, principalmente as mulheres burguesas. A este fenômeno Beauvoir nomeou de **_igualdade abstrata_ frente a uma *desigualdade concreta***. Segundo a autora, esse princípio velado pode ser acionado a qualquer momento em que se precise "colocar a mulher em seu devido lugar", em caso de conflito com a mulher o homem "tematiza a desigualdade concreta e dela tira autoridade para negar a igualdade abstrata" (BEAUVOIR, 2019a, p. 23).

No que se refere ao diálogo estabelecido entre Beauvoir e outros autores sobre a condição feminina ela recusa tanto o monismo sexual de Freud, quanto o monismo econômico de Engels. Segundo ela, Freud com sua Psicanálise não se ocupara muito com o destino feminino, apenas destacara em sua teoria que o sentimento das mulheres estava ligado à inveja do pênis, como se a mulher fosse um homem mutilado; na verdade sua concepção psicanalítica acaba contribuindo para a ideia de uma incompletude feminina, realizada apenas na presença do falo masculino. Quanto a Engels, seria insuficiente condicionar a opressão feminina a questão da propriedade privada, isto somente não daria conta de explicar inúmeros processos de dominação da mulher; Beauvoir critica a postura de Engels, pois não é claro que a propriedade tenha escravizado a mulher, logo, sua teoria é superficial. Portanto, "é preciso ir além do materialismo histórico que só vê no homem e na mulher entidades econômicas". Sobre o argumento de Hegel em *Filosofia da Natureza,* de que o homem seria o princípio ativo e a mulher, consequentemente, o passivo, só reitera esse processo diferenciativo sociocultural entre homens e mulheres.

Diante deste debate, entre a facticidade e a liberdade das mulheres, Beauvoir pergunta pela origem da submissão da mulher, visto que em relação a outros grupos minoritários em situação de opressão, as mulheres estão em paridade com os homens. Outrossim, tanto a opressão dos negros, quanto judeus e escravos passou a existir em um determinado "acontecimento histórico que subordinou o mais fraco ao mais forte".

> Nem sempre houve proletários, sempre houve mulheres. Elas são mulheres em virtude de sua estrutura fisiológica; por mais longe que se remonte na história, sempre estiveram subordinadas ao homem: sua dependência não é consequência de um evento ou de uma evolução, ela não aconteceu (BEAUVOIR, 2019a, p. 15).

Aqui a autora atribui as diferenças étnicas (judeus), de classe (proletários) e de raça (negros) aos processos históricos, diferentemente das mulheres que não passaram por esta estrutura de diferenciação, pois desde sempre foram diferenciadas por sua fisiologia. Defronta-se, aqui, com uma crítica importante para a compreensão da condição da mulher nas sociedades. Em situação oposta de outras estruturas de diferenciação social, o destino feminino não esteve atrelado a um acontecimento, a um lugar ou a um período histórico, mas, fato é que sempre esteve atrelado à estrutura fisiológica da mulher; ou seja, não houve um tempo e/ou um acontecimento em que o destino da fêmea humana fosse controlado/usurpado. Nesse sentido, nem a biologia, nem o materialismo histórico e nem a psicanálise, apesar de suas contribuições para construção do pensamento moderno, seriam capazes de explicar essa estrutura diferenciativa em que,

> A humanidade se reparte em duas categorias de indivíduos, cujas roupas, rostos, corpos, sorrisos, atitudes, interesses, ocupações são manifestamente diferentes, talvez essas diferenças sejam superficiais, talvez essas diferenças se destinem a desaparecer. O certo é que por enquanto elas existem com uma evidência total (BEAUVOIR, 2019a, p. 11).

Este sistema diferenciativo aparece em todas as formas de organizar e estruturar a cultura e sociedade, como ela nos mostra "existem com uma evidência total", desde os sistemas de pensamento do senso comum, até os mais complexos.

O conjunto da obra que Beauvoir escrevera em sua contemporaneidade ainda é significativamente hodierno, portanto, sua profecia de que "essas diferenças se destinem a desaparecer" ainda não se cumpriu. E a ideia do matriarcado confirma, cada vez mais, sua categoria mítica.

Como se realizar, humanamente, presa na condição feminina? Nesta situação? Sendo que para o existencialismo beauvoiriano "a mulher não é uma realidade imóvel, e sim um *vir-a-ser*" (BEAUVOIR, 2019a, p. 62). Transcendendo: criando projetos, procurando a liberdade de si e dos outros, existindo! Se somos um *vir-a-ser*, como bem concebe o existencialismo, estamos em constante processo de transformação, posso tornar-me, posso fazer-me. E com relação as mulheres que conhecem sua condição, mas, optam por permanecer no seu destino imputado ao feminino, em *Por uma moral da ambiguidade*, Beauvoir argumenta que a recusa pelo envolvimento consigo e com o Outro, como a categoria expressa de *sub-homem*, também se constitui em uma forma de existir no mundo. A recusa pela existência é uma forma de existir.

Conclusão

Em vista dos argumentos apresentados, observou-se que o existencialismo enquanto instrumento de compreensão do homem no mundo contribuiu para a concepção de sua existência. Além disto, a noção de finitude e de responsabilidade humana evidenciou um ser lançado no mundo frente a inúmeras possibilidades e projetos que podem ou não fracassar; ou seja, o homem cria seu mundo e não uma transcendência divina. Esse instrumento filosófico para análise da realidade, neste caso o existencialismo francês, foi significativamente influenciado por Husserl e Heidegger, fazendo parte dos círculos existencialistas franceses compostos por artistas, intelectuais, ativistas e romancistas. Outrossim, este conjunto de pensadores produziu uma gama de produtos na primeira metade do século XX, significativamente influenciados pelos horrores e consequências trazidos com a ocupação nazista da França, durante a Segunda Guerra Mundial. Isso posto, Simone de Beauvoir fez parte dessa tradição que se viu diante da ocupação alemã, observou as implicações sociopolíticas para a realidade humana e que diante disto, não poderia se calar frente as transformações da humanidade diante da Guerra.

Mas, apesar de sua importante contribuição para o campo da literatura, da filosofia e da fenomenologia, como bem observamos durante as *10 Lições*, Beauvoir fora constantemente excluída do rol de pensadores existencialistas e relegada, única e exclusivamente, a autora de *O segundo sexo*. Não que essa obra não seja fundamental para o pensamento moderno, ao contrário, um magnífico ensaio existencialista fenomenológico de singular importância para os séculos XX e XXI. Fato é que quando relegam Simone de Beauvoir à única e exclusiva categoria de feminista, fazem-no com objetivo de ocultarem suas contribuições para o existencialismo, para a fenomenologia e para a Literatura. Dentre as muitas alegações, próprias desse processo de ocultamento no campo tradicional de conhecimento, argumentam que sua obra seria uma extensão a de Sartre; que suas obras não seguiam o rigor teórico-metodológico nem da filosofia e nem da literatura tradicional; e que ela mesma, em suas memórias, se reconhecia antes de tudo como escritora e não como filósofa. Mas uma guinada acontece quando estudiosos passam a reinterpretar suas obras não apenas pelo viés do existencialismo, como também da fenomenologia, reiterados pela descoberta de seu diário, cuja data era anterior à sua ligação com Sartre.

As *10 Lições sobre Beauvoir* pode ser compreendida em quatro momentos coadunados, quais sejam: no primeiro deles, destacamos sua vida e obra e as repercussões de *O segundo sexo*, quando procuramos demonstrar que Beauvoir não era autora de uma única obra, mas de dezenas, mas que esta última repercutiu de modo inesperado quanto ao seu conteúdo ao tratar da condição das mulheres; da mesma forma, essas lições demonstraram a estreita relação entre vida e filosofia, pois suas autobiografias, romances e ensaios dizem muito a respeito da autora e do período histórico, social e político em que vivera. Em um segundo momento, analisamos seu referencial teórico exposto por meio de seus ensaios fenomenológicos existenciais, que implicaram na compreensão de temas, como a moral, a liberdade de si e dos Outros, o corpo, ser e existir. No terceiro momento, analisamos assuntos fundamentais à compreensão da existência, como a morte, a velhice, a finitude, Deus e a religiosidade, estes temas foram compreendidos a partir do método fenomenológico existencialista de seus romances e de suas memórias, como expressão da experiência vivida e dos processos histórico-míticos que os interpretam. E, por fim, no quarto e último momento, retomamos *O segundo sexo* para compreender as perspectivas teóricas que ele elabora sobre a condição feminina, o destino das mulheres enquanto Outro, e a representação do corpo como o local de elaboração do determinismo biológico, mas também, o lugar de percepção do mundo.

Diante disto, a aproximação conclusiva que chegamos, sobre o arcabouço teórico-metodológico deixado por Simone de Beauvoir, é de que além de ser pouco conhecido pelo público em geral, tímidos esforços se fizeram para que ele integrasse o cânon filosófico tradicional. Beauvoir é uma autora multidimensional e uma escritora de obras densas e complexas, daí a dificuldade de compreendê-la em poucas páginas. *O segundo sexo,* por exemplo, publicado em meados do século XX, continua sendo atual e necessário, gerações e gerações já leram essa obra que não perde sua relevância social e acadêmica. As noções sobre a condição feminina e seu processo de inferiorização são reverberados constantemente pelo mantra do feminismo: "*Ninguém nasce mulher: torna-se mulher*" (BEAUVOIR, 2019b, p. 11). Este mantra, na verdade, faz parte de suas análises existencialistas, que compreendem o ser como aquele que sempre está se fazendo, premissa do existir; ou seja, quando eu chego a este mundo não tenho uma relação preestabelecida com ele, tenho que construir, nada me precede, e neste processo de *ser-sendo* existe um mundo pronto que dialoga comigo. Diante deste mundo pronto, minha liberdade e meus projetos me fazem ser, mas não é uma liberdade radical e sim situacional. Moralmente, só sou livre se os Outros forem livres, é uma liberdade que exige responsabilidade, da mesma forma, meus projetos não podem ser individualizados, mas devem dialogar com outros projetos. Entretanto, alguns homens podem escolher não se querer livre, podem preferir viver no mundo da facticidade, outrossim, Beauvoir afirma, que é uma forma de liberdade, *não-querer-ser-livre* também seria uma forma de existir no mundo, uma escolha! Logo, quer-se que o Outro seja livre em possibilidade, porque se o quisermos livre por imposição, não haverá transcendência, confiná-lo-emos na imanência.

Referências

BASTIDE, R. Simone de Beauvoir e o segundo sexo. *O Estado de S. Paulo*, São Paulo, 1 de nov. 1950. p. 8.

BEAUVOIR, S. La phénoménologie de la perception de Maurice Merleau-Ponty. *Les Temps Modernes*, n. 1, v. 2, Paris, 1945, p. 363-367. Disponível em: https://www.revues-litteraires.com/articles.php?lng=fr&pg=1958. Acesso em: 27 maio 2023.

BEAUVOIR, S. *Fragmentos existencialistas y otros textos*. Trad. L.S. Marín. Medellín: Ennegativo Ediciones, 2019c. Disponível em: https://proletarios.org/books/Beauvoir-Fragmentos-existencialistas.pdf. Acesso em: 26 maio 2023.

BEAUVOIR, S. *A longa marcha*. Trad. A. Silveira. São Paulo: Ibrasa, 1963.

BEAUVOIR, S. *O existencialismo e a sabedoria das nações*. Trad. M. Lima e B. Ponte. Porto: Minotauro, 1965.

BEAUVOIR, S. *Por uma moral da ambiguidade*, seguido de Pirro e Cinéias. Trad. M.J. Moraes. Rio de Janeiro: Nova Fronteira, 2005.

BEAUVOIR, S. *Memórias de uma moça bem-comportada*. Trad. S. Milliet. 2. ed. Rio de Janeiro: Nova Fronteira, 2017.

BEAUVOIR, S. *A força das coisas*. Trad. M.H.F. Martins. 2. ed. Rio de Janeiro: Nova Fronteira, 2009.

BEAUVOIR, S. *A força da idade*. Trad. S. Milliet. 8. ed. Rio de Janeiro: Nova Fronteira, 2022.

BEAUVOIR, S. *A velhice*. Trad. M.H.F. Martins. 3. ed. Rio de Janeiro: Nova Fronteira, 2018. [*e-book* Kindle]

BEAUVOIR, S. *O segundo sexo*. Vol. 1: Fatos e mitos. Trad. S. Milliet. 5. ed. Rio de Janeiro: Nova Fronteira, 2019a.

BEAUVOIR, S. *O segundo sexo*. Vol. 2: A experiência vivida. Trad. S. Milliet. 5. ed. Rio de Janeiro: Nova Fronteira, 2019b.

BEAUVOIR, S. *Uma morte muito suave*. Trad. Á. Cabral. 3. ed. Rio de Janeiro: Nova Fronteira, 2020. [*e-book* Kindle]

BEAUVOIR, S. *Balanço final*. Trad. R. Braga. 6. ed. Rio de Janeiro: Nova Fronteira, 2021.

BEAUVOIR, S. *A cerimônia do adeus*, seguido de entrevistas com Jean-Paul Sartre agosto-setembro, 1974. Trad. R. Braga. Rio de Janeiro: Nova Fronteira, 2015. [*e-book* Kindle]

CATALDI, S.L. The body as a basis for being: Simone de Beauvoir and Maurice Merleau-Ponty. In: O'BRIEN, W.; EMBREE, L. (Editors). *The existential phenomenology of Simone de Beauvoir*. [s.l.]. Springer-Science; Business Media, 2001. p. 85-106.

CHAPERON, S. Auê sobre o Segundo sexo. *Cadernos Pagu*, [S. l.], n. 12, p. 37-53, 2015. Disponível em: https://periodicos.sbu.unicamp.br/ojs/index.php/cadpagu/article/view/8634461. Acesso: 10 jan. 2023.

GOTHLIN, E. Simone de Beauvoir's existential phenomenology and philosophy of history in Le deuxieme sexe. In: O'BRIEN, W.; EMBREE, L. (Editors). *The existential phenomenology of Simone de Beauvoir*. [s. l.]. Springer-Science; Business Media, 2001. p. 41-52.

LEMOINE, W. *Entrevues Avec Simone de Beauvoir*. Paris: Radio-Canada, 1959. Disponível em: https://www.youtube.com/watch?v=4g-La_ujWis&t=811s. Acesso em: 12 jan. 2023.

LEMOS, F. "A China de Simone de Beauvoir": contra as superstições. *Religare*, [s. l.], vol. 13, n. 1, p. 136-149, 2016. Disponível em: https://

periodicos.ufpb.br/index.php/religare/article/view/31990. Acesso em: 10 jan. 2023.

LEMOS, F. "O castor, o vigário e o jornal": repercussões midiáticas quando da visita de Simone de Beauvoir ao Brasil. In: BRONSZTEIN, K.R.M.P.P.; MARANHÃO FILHO, E.M.A. (orgs.). *Gênero e religião*: diversidades e (in)tolerâncias nas mídias (Vol. 1). João Pessoa: ABHR / Fogo Editorial, 2019. p. 127-146. Disponível em: https://www.amarfogo.com/wp-content/uploads/2020/01/Fogo-Gênero-e-Religião-Nordeste-1-1.pdf. Acesso em: 10 jan. 2023.

LÓPEZ SÁENZ, C. Merleau-Ponty (1908-1961) y Simone de Beauvoir (1908-1986): El cuerpo fenoménico desde el feminismo. *Sapere Aude*, vol. 3, n. 6, p. 182-199, 20 dez. 2012.

MILLER, S.C. The lived experience of doubling: Simone de Beauvoir's phenomenology of old age. In: In: O'BRIEN, W.; EMBREE, L. (Editors). *The existential phenomenology of Simone de Beauvoir*. [s.l.]. Springer-Science; Business Media, 2001. p. 127-148.

MOTTA, L.J. Beauvoir intérprete de Merleau-Ponty: a fenomenologia da percepção e os progressos do método fenomenológico. *Pólemos – Revista de Estudantes de Filosofia da Universidade de Brasília*, [s. l.], vol. 9, n. 18, p. 215-241, 2020.

Disponível em: https://periodicos.unb.br/index.php/polemos/article/view/29777. Acesso em: 9 fev. 2023.

MOTTA, L. J. da. A Fenomenologia da percepção de Maurice Merleau-Ponty. Primeiros Escritos, [s. l.], v. 11, n. 1, p. 212-231, 2021. DOI: 10.11606/issn.2594-5920.primeirosescritos. 2021.176887. Disponível em: https://www.revistas.usp.br/primeirosescritos/article/view/176887. Acesso em: 27 maio. 2023.

O'BRIEN, W. Introduction. O'BRIEN, W.; EMBREE, L. (Editors). *The existential phenomenology of Simone de Beauvoir*. [s. l.]. Springer-Science; Business Media, 2001. p. 1-15.

O'BRIEN, W.; EMBREE, L. (Editors). *The existential phenomenology of Simone de Beauvoir*. [s. l.]. Springer-Science; Business Media, 2001.

ROMANO, L.A.C. *A passagem de Sartre e Simone de Beauvoir pelo Brasil em 1960*. Campinas/São Paulo: Mercado das Letras/Fapesp, 2002.

SALLENAVE, D. *Castor de Guerre*. Paris: Gallimard. 2008.

SILVA, M.F. Pirro e Cíneas: o para quê da acção humana. *Sapere Aude*, vol. 3, n. 6, p. 298-309, 30 jan. 2013.

SIMONS, M.A. The Beginnings of Beauvoir's Existential Phenomenology. In: O'BRIEN, W.; EMBREE, L. (Editors). *The existential phenomenology of Simone de Beauvoir*. [s. l.]. Springer-Science; Business Media, 2001. p. 17-40.

SIMONS, M.A. et al. "Simone de Beauvoir: An Interview." *Feminist Studies*, vol. 5, n. 2, 1979, p. 330-345. Disponível em: https://doi.org/10.2307/3177599. Acesso em: 10 jan. 2023.

TOADVINE, T. *Simone de Beauvoir and existential phenomenology: a bibliography*. In: O'BRIEN, W.; EMBREE, L. (Editors). *The existential phenomenology of Simone de Beauvoir*. [s. l.]. Springer-Science; Business Media, 2001. p. 204-251.

COLEÇÃO 10 LIÇÕES

– *10 lições sobre Kant*
Flamarion Tavares Leite
– *10 lições sobre Marx*
Fernando Magalhães
– *10 lições sobre Maquiavel*
Vinícius Soares de Campos Barros
– *10 lições sobre Bodin*
Alberto Ribeiro G. de Barros
– *10 lições sobre Hegel*
Deyve Redyson
– *10 lições sobre Schopenhauer*
Fernando J.S. Monteiro
– *10 lições sobre Santo Agostinho*
Marcos Roberto Nunes Costa
– *10 lições sobre Foucault*
André Constantino Yazbek
– *10 lições sobre Rousseau*
Rômulo de Araújo Lima
– *10 lições sobre Hannah Arendt*
Luciano Oliveira
– *10 lições sobre Hume*
Marconi Pequeno
– *10 lições sobre Carl Schmitt*
Agassiz Almeida Filho
– *10 lições sobre Hobbes*
Fernando Magalhães
– *10 lições sobre Heidegger*
Roberto S. Kahlmeyer-Mertens
– *10 lições sobre Walter Benjamin*
Renato Franco
– *10 lições sobre Adorno*
Antonio Zuin, Bruno Pucci e Luiz Nabuco Lastoria
– *10 lições sobre Leibniz*
André Chagas
– *10 lições sobre Max Weber*
Luciano Albino
– *10 lições sobre Bobbio*
Giuseppe Tosi
– *10 lições sobre Luhmann*
Artur Stamford da Silva
– *10 lições sobre Fichte*
Danilo Vaz-Curado R.M. Costa
– *10 lições sobre Gadamer*
Roberto S. Kahlmeyer-Mertens
– *10 lições sobre Horkheimer*
Ari Fernando Maia, Divino José da Silva e Sinésio Ferraz Bueno
– *10 lições sobre Wittgenstein*
Gerson Francisco de Arruda Júnior
– *10 lições sobre Nietzsche*
João Evangelista Tude de Melo Neto
– *10 lições sobre Pascal*
Ricardo Vinícius Ibañez Mantovani
– *10 lições sobre Sloterdijk*
Paulo Ghiraldelli Júnior
– *10 lições sobre Bourdieu*
José Marciano Monteiro
– *10 lições sobre Merleau-Ponty*
Iraquitan de Oliveira Caminha
– *10 lições sobre Rawls*
Newton de Oliveira Lima
– *10 lições sobre Sócrates*
Paulo Ghiraldelli Júnior
– *10 lições sobre Scheler*
Roberto S. Kahlmeyer-Mertens
– *10 lições sobre Kierkegaard*
Jonas Roos
– *10 lições sobre Goffman*
Luís Mauro Sá Martino
– 10 lições sobre Norbert Elias
Andréa Borges Leão e Tatiana Landini
– *10 lições sobre Gramsci*
Cezar Luiz de Mari
– *10 lições sobre Paulo Freire*
Daniel Ribeiro de Almeida Chacon
– *10 lições sobre Beauvoir*
Fernanda Lemos

Conecte-se conosco:

f facebook.com/editoravozes

◎ @editoravozes

🐦 @editora_vozes

▶ youtube.com/editoravozes

🕾 +55 24 2233-9033

www.vozes.com.br

Conheça nossas lojas:

www.livrariavozes.com.br

Belo Horizonte – Brasília – Campinas – Cuiabá – Curitiba
Fortaleza – Juiz de Fora – Petrópolis – Recife – São Paulo

EDITORA VOZES LTDA.
Rua Frei Luís, 100 – Centro – Cep 25689-900 – Petrópolis, RJ
Tel.: (24) 2233-9000 – E-mail: vendas@vozes.com.br